Ju-Jutsu als Wettkampf

FALKEN-BUDO-BIBLIOTHEK

Georg Kulot

Ju-Jutsu als Wettkampf

FALKEN

Bei FALKEN sind zum Thema Ju-Jutsu drei weitere Bücher erschienen:
Ju-Jutsu 1 (Nr. 0276), Ju-Jutsu 2 (Nr. 0378), Ju-Jutsu 3 (Nr. 0485)

ISBN 3 8068 0826 0

Titelbild: Fotoatelier Sahlstorfer, Waldkraiburg
Fotos: Elke Kulot, Waldkraiburg

Integrierte Text-/Bildverarbeitung: Fotosatz Fliegel GmbH, Hildesheim
Druck: Wiesbadener Graphische Betriebe, Wiesbaden

817 2635 4453 62

Inhalt

Vorwort

Josef Art,
Altbundestrainer Ju-Jutsu im DJB

Ju-Jutsu-Wettkampf – noch vor wenigen Jahren für viele Budo-Sportler ein Wunschtraum – wird heute in fast allen Ju-Jutsu-Vereinen betrieben; auch einige Landesverbände führen bereits Ju-Jutsu-Meisterschaften durch. Ju-Jutsu-Wettkämpfe fordern das ganze Können des Sportlers und sind mit so viel Aktionen gespickt, daß Kämpfer und Zuschauer auf ihre Kosten kommen. So verwundert es nicht, daß der Ju-Jutsu-Wettkampf im gesamten Budobereich immer mehr Anhänger findet.

Für die notwendige Ausbildung der Trainer im Ju-Jutsu-Wettkampf werden Lehrgänge und Videofilme angeboten – auf Fachliteratur mußte man indes bislang leider verzichten. Fortschrittliche Trainer und gewissenhafte Sportler wissen jedoch, daß ein geeignetes Lehrbuch für die aus- und Fortbildung unentbehrlich ist, da man ohne theoretisches Wissen im modernen Sport nicht mehr bestehen kann.

Das Buch »Ju-Jutsu als Wettkampf« schließt diese Lücke. Autor und Sportkamerad Georg Kulot schuf hier ein anschauliches Werk mit vielen Bildern und erklärenden Texten. Kulot – ein relativ junger Autor für ein Fachbuch, so möchte man glauben – beweist in diesem Buch umfangreiches theoretisches Wissen. Daß er darüber hinaus auch ein begabter Praktiker ist, belegen seine Meistertitel bei den bayerischen Ju-Jutsu-Meisterschaften.

Ich selbst bin Autor mehrerer Ju-Jutsu-Lehrbücher und weiß deshalb sehr genau, wieviel Energie und Sorgfalt hinter jeder Seite des hier vorliegenden Lehrbuchs steht. Nicht der finanzielle Aspekt ist es, der einen Ju-Jutsuka zum Schreiben veranlaßt, sondern Idealismus und Liebe zum Sport!

Ich wünsche allen Ju-Jutsuka viel Freude beim Studium dieses Buchs und viel Erfolg bei den Wettkämpfen.

Erich Reinhardt,
Diplomsportlehrer,
Bundeslehrwart und
Bundessachbearbeiter Technik

Da Ju-Jutsu als modernste Selbstverteidigung in Europa einen ständigen positiven Entwicklungstrend verzeichnet, ist es erforderlich, mit neuer Literatur auf dem laufenden zu bleiben.

Durch die Einführung des Ju-Jutsu-Wettkampfs ist in dieser Hinsicht sogar eine Lücke zu schließen. Ich freue mich besonders, daß mein Schüler Georg Kulot dieser Notwendigkeit nachkommt und das erste Fachbuch für den Ju-Jutsu-Wettkampf geschrieben hat.

Es stellt dank der anschaulichen Fotoserien und der erklärenden Texte ein Grundwerk dar, das für das Kampftraining und die realistische Selbstverteidigung eine ideale Basis bildet.

Ich wünsche dem Buch, dem Sportkameraden Georg Kulot und den Wettkämpfern viel Erfolg.

6. Dan Ju-Jutsu
4. Dan Judo
3. Dan Karate

Entwicklung des Ju-Jutsu-Wettkampfs

Als Ende der 60er Jahre das Ju-Jutsu entstand, hatte man das Ziel, eine moderne und wirkungsvolle Selbstverteidigungsart zu schaffen. Aus diesem Grund fanden sich namhafte Meister der verschiedensten asiatischen Kampfsportarten wie Judo, Karate, Aikido und klassisches Jiu-Jitsu zusammen, um die erfolgversprechendsten Techniken ihrer Stile in einem neuen System zu vereinigen. Das Ergebnis war Ju-Jutsu – eine Selbstverteidigungsart, die aufgrund ihrer Wirksamkeit und Praxisbezogenheit bei der Abwehr unbewaffneter wie auch bewaffneter Angreifer (Abb. 1) schon nach kurzer Zeit Pflichtbestandteil bei der Ausbildung des Bundesgrenzschutzes (Spezialeinheit GSG 9) und der Länderpolizeien wurde.

Im Laufe der Zeit wurde das Gürtelprüfungsprogramm immer wieder verbessert und aktualisiert, wurden somit die Kinderkrankheiten des neuen Selbstverteidigungssystems langsam, aber sicher behoben. Trotzdem hatte das Ju-Jutsu noch entscheidende Schwächen: Zum einen bemerkte man oft, daß sich einzelne Ju-Jutsuka fest auf einen bestimmten Partner einstellten, der kaum Widerstand leistete und mit dem sich die Techniken so mustergültig ausführen ließen,

1

daß ein unwirksames »Show-Ju-Jutsu« entstand. Zum anderen vermißten viele Ju-Jutsuka – vor allem junge – die Möglichkeit, sich im fairen Wettkampf mit einem Partner zu messen und daher die gelernten Techniken an einem voll sich verteidigenden Gegner zu erproben. Aus diesem Grund wurde auch die Fähigkeit, einmal etwas einzustecken, nicht ausgebildet und das Ju-Jutsu von Sportlern anderer Kampfarten als weich und unwirksam abgetan. Da viele Griffe und Schläge im Ju-Jutsu die sofortige Kampfunfähigkeit des Gegners zum Ziel haben, war es jedoch zunächst zu gefährlich, freie Kämpfe durchzuführen. Daher nahmen einige Ju-Jutsuka an den Kampfveranstaltungen anderer Sportarten wie Judo und Karate teil. Dies war aber nur zum Teil befriedigend, da in dem einen System Schlag- und Trittechniken, in dem anderen Hebel, Würfe und Würgegriffe verboten sind.

Deshalb dachten immer mehr Ju-Jutsuka darüber nach, wie man ein alle diese Techniken umfassendes Wettkampfsystem schaffen könnte. Der Durchbruch hierbei gelang den Berlinern. Im seit 1978 regelmäßig durchgeführten »Allkampf der Berliner Polizei« gelang es, alle waffenlosen Kampfsportarten unter einem Reglement zu vereinen. So beteiligten sich an den Kämpfen neben den Vertretern der asiatischen Kampfsportarten auch Boxer, Ringer und Catcher. Bei diesem Polizeiallkampf zeigte sich, daß kein Kampfstil in der Lage war, über andere zu dominieren. Vielmehr waren Kampfgeist und Qualität der einzelnen Kämpfer für den Sieg entscheidend. So kam es oftmals zu sensationellen und unerwarteten Siegen von Judoka über Europameister im Karate und Boxen. Mit der Zeit zeigte es sich jedoch, daß diejenigen Kämpfer die größten Chanchen hatten, die ihre Kampfsportart mit Grundtechniken anderer Systeme anreicherten und somit Lücken schlossen. Es entwickelten sich dadurch eine Vielzahl von auf den einzelnen Kämpfer zugeschnittenen Ju-Jutsu-ähnlichen Kampfformen.

Zu diesem Zeitpunkt erkannten bereits viele Ju-Jutsuka in den Regeln des Berliner Wettkampfsystems eine Möglichkeit, Ju-Jutsu als sportlichen Zweikampf durchzuführen. So beteiligten sich viele von ihnen mit teilweise beachtenswerten Erfolgen an diesen Meisterschaften. Trotzdem hatte die Sektion Ju-Jutsu im Deutschen Judo-Bund noch viele Schwierigkeiten auf dem Weg zu einer offiziellen Einführung des Ju-Jutsu-Wettkampfs zu überwinden. Zum einen sträubte sich der Dachverband, da er eine Abwanderung der Mitglieder aus anderen Kampfsportrichtungen zum vielseitigeren Ju-Jutsu befürchtete. Zum anderen gab es jedoch auch Widerstand im eigenen Lager, da viele ältere Ju-Jutsu-Meister befürchteten, mit der neuen Entwicklung nicht mithalten zu können und bald zum »alten Eisen« zu gehören. Erst seit 1982 setzen sich die Befürworter durch, und ein Landesverband nach dem anderen begann auf eigene Faust, den Ju-Jutsu-Wettkampf zu lehren und erste Meisterschaften durchzuführen. Zu dieser Zeit existierte jedoch noch kein einheitliches Regelwerk. Dem damaligen

Bundestrainer Josef Art – einem Mann, der das Ju-Jutsu von Anfang an mitbestimmte und prägte – ist es letztendlich zu verdanken, daß der Wettkampf dann doch auf Bundesebene eine rasche Verbreitung fand. Art stellte fast alle 1983 durchgeführten Bundes- und Landeslehrgänge unter das Thema »Einführung in den Ju-Jutsu-Wettkampf« und erreichte damit, daß alle interessierten Vereine über ein einheitliches Grundwissen verfügen können (Abb. 2). Sein Problem bei den meist zweitägigen Schulungen bestand darin, daß er – bedingt durch die großen Teilnehmerzahlen – meist nur Grundlagen, nicht aber weiterreichende Probleme der Kampftaktik erläutern konnte. Damit blieben viele Fragen ungeklärt. Dies zeigte sich bei den ersten Landesmeisterschaften unter anderem darin, daß zahlreiche Kämpfer, die keine Kampferfahrung aus anderen Stilrichtungen mitbringen, vielen Situationen völlig ratlos gegenüberstehen. Auch läßt die allgemeine, konditionelle Wettkampfvorbereitung wegen fehlenden Wissens um spezielle Trainingsprinzipien oftmals Mängel erkennen.

Das vorliegende Buch wurde geschrieben, um allen Trainern, Übungsleitern und interessierten Kämpfern einen Ratgeber an die Hand zu geben, der aufzeigt, wie ein optimales Wettkampftraining aufzubauen ist und welche Techniken und Taktiken im Wettkampf zum Erfolg führen können.

2

Kampfszene

Körperliche Voraussetzungen für den Wettkampf

Jede Art des sportlichen Wettkampfs setzt beim Sportler eine gewisse körperliche Form (Kondition) voraus, bei deren Fehlen er kaum die Möglichkeit hat, einen Kampf ohne Schwierigkeiten durchzustehen. Auch steigt seine Verletzungsanfälligkeit erheblich. Aus diesem Grund muß jede Person, die plant, an einem Wettkampf teilzunehmen, lange vorher damit beginnen, diese körperliche Form optimal auszubilden. Eine solide Grundkondition ist die unabdingbare Voraussetzung jedes Techniktrainings. Man unterscheidet hierbei die allgemeine Kondition (Ausdauer, Kraft und Beweglichkeit), die Sportler jeder Richtung auszeichnet, und die spezielle Kondition, die genau auf eine bestimmte Sportart zugeschnitten ist. So ist es wohl für jedermann einsichtig, daß ein Gewichtheber andere Eigenschaften haben muß als ein Leichtathlet und daß dieser wiederum andere als ein Ju-Jutsu-Wettkämpfer aufweisen muß, für den es besonders auf die Schnelligkeit seiner Angriffe, die Härte und Zielgenauigkeit seiner Schläge und Tritte sowie auf ein gutes Timing ankommt.

Im folgenden werden nun grundlegende Trainingsmethoden zur Steigerung der allgemeinen wie auch der speziellen Kondition aufgezeigt. Ziel ist die Vermittlung eines allgemeinen Wissens, da eine tiefergehende Erläuterung den Rahmen dieses Buchs bei weitem sprengen würde. Trainer wie Kämpfer sollen vor allem Anregungen erhalten. Komplette Anweisungen und Trainingspläne können der erfreulicherweise bereits überall erhältlichen vielfältigen Fachliteratur entnommen werden.

Allgemeine Kondition

Ausdauer

Die wichtigste Voraussetzung dafür, die zweiminütige Kampfzeit überhaupt überstehen zu können, ist *Ausdauer*. Man unterscheidet hierbei zwischen der Mittelbeziehungsweise Langzeitausdauer und der Kurzzeitausdauer. Ausdauer erlaubt es dem Körper, auch längere Phasen der Anstrengung durchzustehen sowie sich auf den ständigen Wechsel von hoher Belastung und kurzzeitiger Entspannung bei einem Ju-Jutsu-Wettkampf einzustellen.

Das Training der Mittel- sowie Langzeitausdauer fördert das Wachstum des Her-

3

zens, stärkt den Kreislauf, erhöht das Lungenvolumen und bildet vor allem, durch Neubildung und feinere Verästelung der intramuskulären Blutgefäße, die Fähigkeit der Muskulatur heran, Sauerstoff in großen Mengen optimal zu verwerten. Damit wird einer vorzeitigen Ermüdung und Übersäuerung wirksam entgegengewirkt.

Die üblichen Trainingsmethoden zur Verbesserung der Mittel- und Langzeitausdauer stellen vor allem Dauerleistungen dar, bei denen der Pulsschlag über eine Zeit von mindestens 30 Minuten auf einer Frequenz von 130 bis 160 Schlägen in der Minute gehalten wird. Die besten Sportarten hierfür sind Radfahren, Dauerlauf (Jogging), Skilanglauf und Schwimmen. Besonders der Dauerlauf ist hervorragend geeignet, da er überall durchgeführt werden kann und neben guten Laufschuhen und einem Trainingsanzug keinerlei weitere Ausgaben erfordert. Das Training kann sommers wie winters im Freien durchgeführt werden und ermöglicht so eine optimale Sauerstoffaufnahme. Man steigert sich hierbei nach seinen persönlichen Fähigkeiten, bis man etwa 6 bis 10 km ohne Pause laufen kann (Abb. 3).

Eine zur Steigerung der Ausdauer, insbesondere der Kurzzeitausdauer, ebensogut geeignete Trainingsmethode stellt das Intervalltraining dar, bei dem der Puls durch eine hohe Belastung bis auf die Spitze getrieben wird. Er sollte dabei jedoch einen Maximalwert von 210 minus Lebensalter nicht überschreiten. Anschließend erfolgt eine kurze Pause. Der nächste Trainingsreiz muß bereits gesetzt werden, wenn sich der Körper noch nicht vollständig erholt hat und noch eine Pulsfrequenz von über 100 Schlägen in der Minute aufweist. Das Intervalltraining löst vor allem einen auf das Herz- und Kreislaufsystem positiv wirkenden Effekt aus. Dies wird der Tatsache gerecht, daß ein Kämpfer bei einem Turnier, während eines Kampfes, ständig wechselnden, teilweise bis an die Leistungsgrenze gehenden Belastungsschwankungen ausgesetzt ist. Hierbei ermüdet nicht in erster Linie die Muskulatur, sondern es tritt eine Überlastung des Kreislaufs ein, die sich in rasendem Puls, Atemnot und Schwindelgefühl äußert. Das diesem Effekt entgegenwirkende Intervalltraining läßt sich in der Praxis zum Beispiel beim Lauftraining dadurch verwirklichen, daß man als Laufstrecke ein hügeliges Gelände wählt oder immer wieder kurze Zwischensprints mit anschließendem Gehen einlegt.

Eine aus dem Boxen stammende, aber für das Ju-Jutsu gleichermaßen geeignete Trainingsart stellt das Seilspringen dar (Abb. 4). Dies kann man sowohl nach der Dauerleistungsmethode über einen längeren Zeitraum oder nach der Intervallmethode, abgestimmt auf die Zeiteinteilung beim Wettkampf, durchführen. Hierbei springt man, entsprechend der Kampfzeit, je nach persönlicher Fähigkeit einmal oder mehrmals zwei Minuten mit

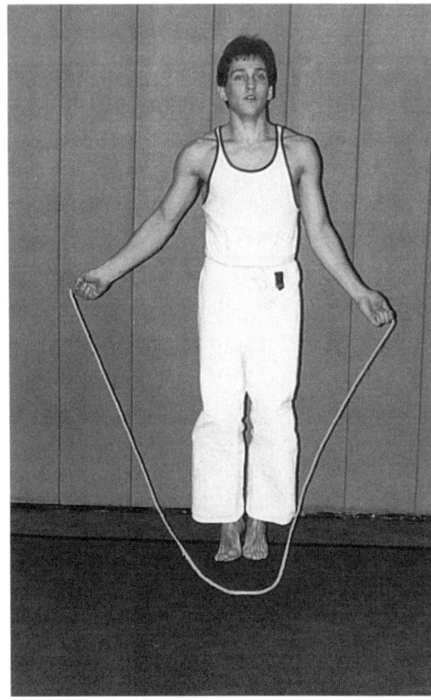

4

5

Pausenintervallen von 30 bis 60 Sekunden. Den die Kurzzeitausdauer steigernden Effekt erreicht man, indem man seinen Sprungrhythmus ständig ändert und Zwischenübungen, wie Anhocken der Beine, Springen auf einem Bein, Laufen auf der Stelle, doppeltes Durchschwingen des Seils oder Überkreuzen der Arme während des Springens, einbaut.

Weitere hervorragende Möglichkeiten, die Ausdauer Ju-Jutsu-spezifisch zu trainieren, stellen das Schattenboxen und das Sandsacktraining (Abb. 5) dar. Hierbei werden alle bekannten Schlag- und Trittechniken in die Luft beziehungsweise gegen den Sandsack ausgeführt. Wenn man sich dabei einen Gegner vorstellt, ihn bekämpft und seinen Angriffen ausweicht, erreicht man durch dieses Training neben dem konditionellen auch noch einen die Technik schulenden Effekt.

Abschließend soll noch einmal betont werden, daß ein Intervalltraining nur auf der Basis einer soliden, durch Dauerleistungen erreichten Grundausdauer erfolgreich sein kann, da der stärkste Kreislauf bei sonst schlechtem Allgemeinzustand, insbesondere der Muskulatur, nicht zu einer besseren Sauerstoffverwertung führen kann. Selbst bei härtestem Training bliebe eine Ausdauersteigerung daher nahezu aus. Neben dem spezifischen Ju-Jutsu-Training sollte daher in regelmäßigen Abständen eine Übungseinheit zum Erhalt und zur Steigerung der Mittel- und Langzeitausdauer eingelegt werden.

Kraft

Die Vielseitigkeit des Ju-Jutsu-Wettkampfs bringt es mit sich, daß die gesamte Körpermuskulatur gleichmäßig beansprucht wird. Es ist daher sinnvoll und nötig, ein umfassendes Krafttraining für alle Muskelgruppen zu absolvieren: die Bauchmuskulatur, die Rücken- und Brustmuskulatur, die Schulter- sowie die Arm- und Beinmuskulatur. Dieses Trai-

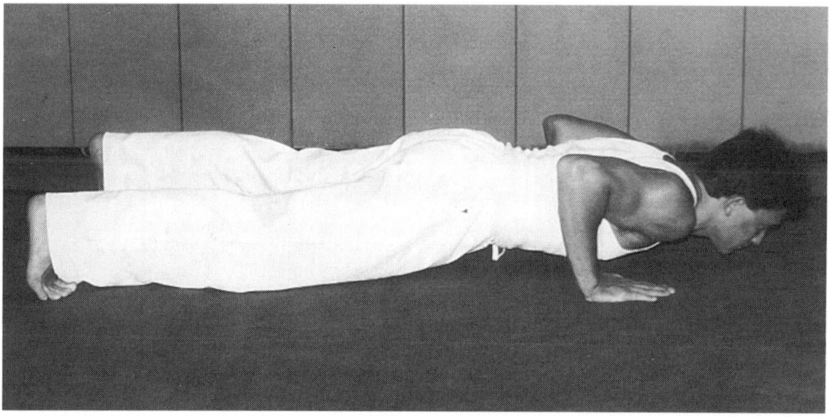

6

7

8

9

ning kann selbstverständlich in Form von Gymnastik ohne Hilfsmittel (Abb. 6) oder mit dem Partner (Abb. 7) durchgeführt werden.

Einen wesentlich höheren Wirkungsgrad erreicht man jedoch beim Training mit speziellen Hanteln und Kraftmaschinen. Der Optimalfall wäre daher, wenn man neben dem Ju-Jutsu-Training ein- bis zweimal pro Woche in einem Fitneßcenter oder dem Kraftraum einer Sporthalle unter fachlicher Leitung ein Krafttraining absolvieren könnte (Abb. 8 und 9). Genaue Anleitungen hierfür gibt zum Beispiel das Buch »Bodybuilding« von Reinhard Smolana, erschienen im gleichen Verlag (Bd. 604).

Das früher häufig vorgebrachte Argument, daß Krafttraining – vor allem solches mit Gewichten – langsam mache, ist durch die moderne Sportwissenschaft hinreichend widerlegt worden. So bedienen sich heutzutage alle Leistungssportler des Hanteltrainings, um damit eine optimale Leistungssteigerung zu erreichen. Selbstverständlich darf darüber hinaus das Technik- und Schnellkrafttraining nicht vernachlässigt werden, da sonst zwangsläufig ein Leistungsabbau erfolgt. Dies wäre jedoch nicht auf das Krafttraining direkt zurückzuführen, sondern vielmehr darauf, daß die Muskulatur nur daraufhin trainiert wurde, Kraftleistung, nicht aber Schnelligkeit und Ausdauerleistung zu erbringen. Kraft allein kann daher in einem Ju-Jutsu-Kampf kaum für den Sieg ausschlaggebend sein. Es leuchtet jedoch auch ein, daß beim Kampf zweier technisch und konditionell gleichwertiger Gegner letztendlich derjenige gewinnen wird, der im entscheidenden Moment größere Kraftreserven mobilisieren kann. Ein gezieltes Krafttraining für alle Muskelgruppen sollte daher fester Bestandteil jeder Wettkampfvorbereitung werden.

Beweglichkeit

Die dritte körperliche Grundvoraussetzung, die jeder Sportler erfüllen muß, ist Beweglichkeit oder auch Gelenkigkeit. Durch ein gezieltes Dehnungstraining

10

11

kann man die Streckungsfähigkeit der Muskulatur und der Sehnen erhöhen und damit einen größeren Aktionsradius der einzelnen Gliedmaßen erreichen. So können bewegliche Ju-Jutsuka im Kampf höhere Fußstöße ausführen, und ihre Fausttechniken haben durch das starke Überdrehen der Hüfte eine größere Reichweite. Außerdem ist solch ein Gegner im Nah- und Bodenkampf schwerer zu kontrollieren, da er sich aus den meisten Griffen herauswinden kann und Hebeltechniken bei ihm oft nicht die gewünschte Wirkung zeigen (Abb. 10 u. 11).

Die beiden Abbildungen zeigen zwei einfache Dehnungsübungen. Der Phantasie des Trainers sind hierbei selbstverständlich keine Grenzen gesetzt. Um eine Dehnung der Muskulatur und eine damit verbundene Steigerung der Beweglichkeit zu erreichen, muß jede Übung bis an die Schmerzschwelle durchgeführt und in dieser Position einige Sekunden gehalten werden. Dies sollte jedoch nur praktiziert werden, wenn die betroffenen Muskeln bereits gut aufgewärmt wurden.

Ein weiterer wichtiger Aspekt des Dehnungstrainings besteht auch darin, daß die Muskulatur und vor allem auch die Sehnen und der Bänderapparat an immer größere Belastungen gewöhnt und damit gekräftigt werden. Die Verletzungsgefahr im Training und im Wettkampf wird hierdurch erheblich reduziert. Der Körper wird insgesamt geschmeidiger und elastischer.

Spezielle Kondition für den Ju-Jutsu-Wettkampf

Schnellkraft

Neben der allgemeinen körperlichen Kraft (Maximalkraft) ist im Ju-Jutsu von entscheidender Bedeutung, daß eine Schlag- oder Trittechnik den Gegner so schnell und hart trifft, daß ihm keine Abwehr mehr möglich ist, oder daß eine Wurftechnik so schnell angesetzt wird, daß der Gegner den Sturz nicht mehr durch »Blockieren« oder »Heraussteigen« verhindern kann. Diese Fähigkeit, spezifische Bewegungen mit größtmöglicher, explosiver Schnelligkeit auszuführen, bezeichnet man in den Sportwissenschaften als »Schnellkraft«.

Im Gegensatz zur allgemeinen Körperkraft gibt es für die Schnellkraft einzelner Bewegungen kein Allround-Trainingsprogramm. Die Grund- und Reaktionsschnelligkeit läßt sich zwar durch allgemeine Schnelligkeitsübungen wie temporeiche Ballspiele auf engem Raum, Sprintübungen auf Strecken zwischen 30 und 100 Metern und Wurfübungen mit Gegenständen wie Medizinbällen und kleinen Gymnastik-Sandsäckchen steigern, die Entwicklung der Schnelligkeit spezieller Techniken erreicht man jedoch nur durch ein spezifisch auf die jeweilige Technik zugeschnittenes Trainingsprogramm. Grundvoraussetzung für eine Schnelligkeitssteigerung ist die Bahnung entsprechender Nervenverbindungen zwischen Muskulatur und dem übergeordneten Nervensystem, wodurch der Kämpfer bei seinen Aktionen nicht mehr nachdenken muß, sondern sie reflektorisch beherrscht. Das kann nur durch ständiges Üben und Wiederholen dieser Bewegung erreicht werden. Dies ist auch der Grund, warum Kämpfer jedes Kampfsports nur über eine kleine Anzahl von Spezialtechniken verfügen, die jeder für sich selbst ausgesucht hat und die bei ihm persönlich zum Erfolg führen. Niemand könnte die Zeit aufbringen, um alle Techniken seines Kampfsystems so intensiv zu üben, daß er sie reflexartig beherrscht. Doch nur dies ist letztendlich für einen Sieg ausschlaggebend.

Ein effektives Schnellkrafttraining für Schlag- und Trittechniken baut sich generell aus drei Phasen auf: In der ersten Phase muß die Technik grundschulmäßig eingeübt werden. Dazu ist sie wochenlang immer wieder – an jedem Trainingsabend – zu wiederholen. Dies geschieht noch sehr langsam und unter ständiger Beobachtung durch den Trainer. In dieser Phase wird der Grundstock für exakte Grundtechniken gelegt, da praktizierte Fehler im Bewegungsprogramm des Gehirns gespeichert werden und später kaum noch »gelöscht« werden können. Erst wenn die Bewegungsabläufe der Technik sicher beherrscht werden, kann man zur zweiten Phase übergehen, der Aufbauphase der Schnellkraft. Hierbei werden die Techniken mit mittlerer bis maximaler Geschwindigkeit oder auch unter lokaler Belastung ausgeführt. Ein besonders geeignetes Trainingsgerät für Armtechniken ist eine einfache »Hundeknochenhantel«, deren Gewicht 1 bis maximal 2 kg

12

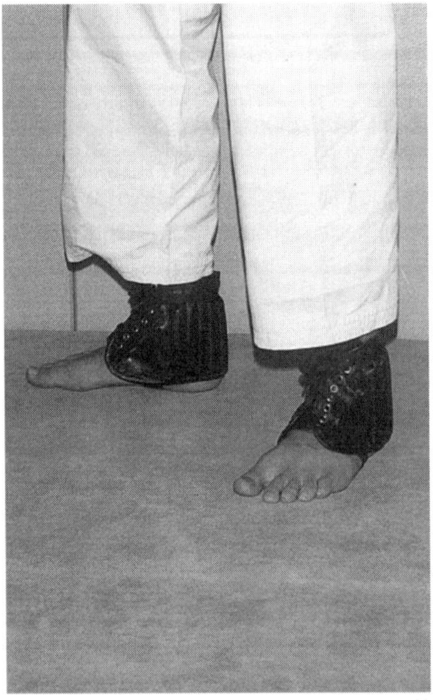

13

betragen sollte (Abb. 12). Für Beintechniken hat sich eine mit Eisenstangen beschwerte Fußmanschette als am besten erwiesen, deren Gewicht bei etwa 2,5 kg liegt (Abb. 13).

Diese Gewichtsangaben stellen natürlich nur allgemeine Richtwerte dar. Beim Training mit zusätzlicher Belastung sollte man stets ein solches Gewicht wählen, daß sich die Bewegungen ohne Schnelligkeitsverlust ausführen lassen, da ansonsten keine Steigerung der Schnellkraft, sondern lediglich der Kraftausdauer bewirkt wird. Auch ist darauf zu achten, daß beim Training die Gelenke nicht voll durchgestreckt werden, weil dies auf Dauer zu Gelenkschäden führen kann. Selbst beim Üben ohne Gewichte ist es besser, wenn Techniken mit maximaler Geschwindigkeit nur gegen einen Widerstand, also gegen einen Sandsack oder ein Makiwara (Schlagpolster) ausgeführt werden. Die sporttypischen Verschleißerscheinungen in den Gelenken können hierdurch auf ein Minimum reduziert werden. Die persönliche Maximalschnellkraft auszubilden, ist das Ziel der dritten Trainingsphase. Diese wird in Form eines Reaktionstrainings mit dem Partner durchgeführt. Als Hilfsmittel hierfür eignen sich besonders gut verschiedene Arten von Schlagpolstern und Handpratzen (Abb. 14).

Man kann sich aber auch die Ausgaben hierfür sparen, indem man einfach einen Faustschutz verwendet, den man verkehrt herum – mit dem Polster auf der Handinnenfläche – anzieht (Abb. 15).

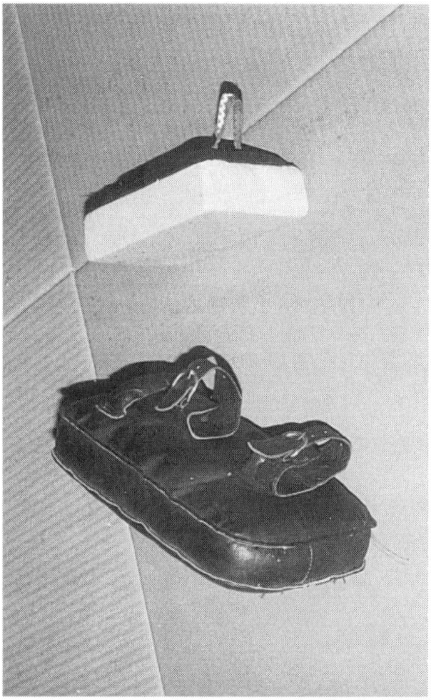

14

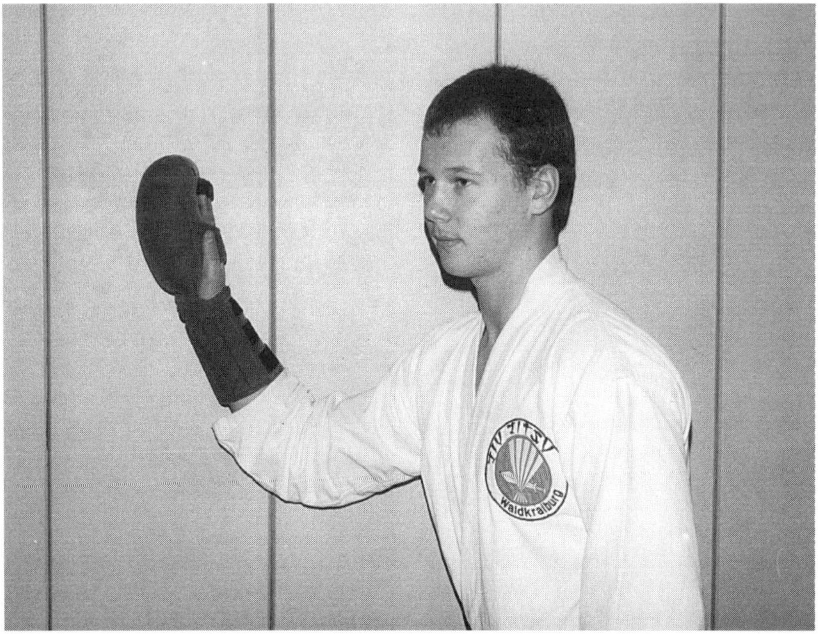

15

Diese provisorische Handpratze leistet auch beim Techniktraining mit dem Partner gute Dienste. Das Reaktions- und Schnellkrafttraining beruht nun darauf, daß sich zwei Übende gegenüberstehen, von denen einer ein Schlagpolster je nach trainierter Technik in einer bestimmten Höhe vor sich hält. Der andere versucht jetzt, das Polster mit einer blitzschnellen Faust- oder Fußtechnik zu treffen. Der Partner mit dem Polster versucht ebenso schnell, dieses wegzuziehen oder dem Angriff auszuweichen. Wenn diese Übungsform regelmäßig durchgeführt wird, kann man schon nach verhältnismäßig kurzer Zeit eine beträchtliche Schnelligkeitssteigerung feststellen. Nebenbei werden auch das Wahrnehmungsvermögen und die Reaktionsgeschwindigkeit des Partners verbessert, der das Polster halten muß. Die Abbildungen 16 und 17 stellen beispielhaft die Schnellkraftübung für den umgekehrten Fauststoß dar, die Abbildungen 18 und 19 die Schnellkraftübung für den Fußstoß vorwärts.

16

17

18

19

Auch für die Wurftechniken läßt sich das Schnellkrafttraining in drei Phasen untergliedern. In der ersten Phase wird wiederum die Grundtechnik langsam und exakt eingeübt. Für die zweite Phase – die Entwicklung eines schnellen, explosiven Wurfeingangs – hat man mehrere Möglichkeiten. Zum einen bietet sich das sogenannte Uchi-Komi-Training aus dem Judo an. Hierbei führt man schnell aufeinanderfolgende Wurfeingänge mit dem Partner aus, ohne diesen jedoch zu werfen. Dabei ist auf exakte Ausführung sowie ein kraftvolles Gleichgewichtbrechen, welches im Kapitel über die Wurftechniken im einzelnen näher erläutert wird, zu achten. Beim Uchi-Komi-Training werden in der Regel jeweils nach 10 bis 20 Eingängen die Partner ausgewechselt, damit man sich ständig wieder auf neue Verhältnisse einstellen muß. 200 Wurfeingänge pro Trainingseinheit sollten bei dieser Übungsform das Minimum darstellen. Eine Möglichkeit, ohne Partner zu trainieren, besteht darin, seinen Gürtel an der in den meisten Turnhallen vorhandenen Sprossenwand oder einem sonstigen stabilen Gegenstand zu befestigen und an diesem Wurfeingänge mit voller Kraft anzusetzen (Abb. 20).

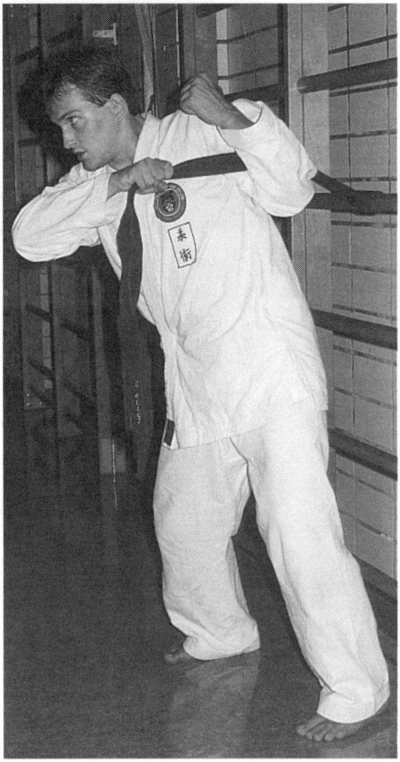

20

In der letzten Phase versucht man, eine Wurftechnik gegen den Widerstand des Partners voll durchzuziehen. Dabei ist darauf zu achten, daß man den Wurf so schnell wie möglich ansetzt und den Widerstand des Partners durch größtmöglichen Krafteinsatz zu überwinden versucht. Dies widerspricht zwar dem Ju-Jutsu-Prinzip »Siegen durch Nachgeben«, hat aber hier primär kein technisches, sondern ein konditionelles Ziel: die Steigerung der Schnellkraft für die Ausführung einer Wurftechnik.

Härte und Zielgenauigkeit

Voraussetzung dafür, beim Wettkampf für eine Schlag- oder Trittechnik einen Punkt zu erhalten, ist, daß die Technik kraftvoll ausgeführt wird und exakt einen der zulässigen Zielpunkte trifft. Außerdem darf man neben dem Wettkampf den Selbstverteidigungsaspekt des Ju-

Kampfszene

Jutsu nicht aus den Augen verlieren. Auf der Straße muß eine Schocktechnik eine empfindliche Stelle des Angreifers so hart treffen, daß dieser möglichst schon nach dem ersten Treffer keiner Gegenwehr mehr fähig ist. Die Grundlage dafür, dieses Ziel mit größtmöglicher Wahrscheinlichkeit zu erreichen, stellt regelmäßiges Training der Durchschlagskraft und des punktgenauen Ansetzens von Schlägen und Tritten dar. Zum Üben der Zielgenauigkeit eignet sich hervorragend der in Abbildung 15 dargestellte, als Handpratze verwendete Handschützer. Ein Partner bewegt sich mit diesem in beliebigen Richtungen durch den Trainingsraum, wobei er auch dessen Höhe und Lage ständig verändert. Der Angreifer versucht dabei, das Polster immer wieder exakt und hart zu treffen. Eine weitere Möglichkeit zum Training zielgenauer Kampftechniken stellt der sogenannte Punktball dar: ein Tennisball oder ein entsprechend großer Lederball, der, in Brusthöhe aufgehängt, als Ziel für die verschiedensten Schlag- und Trittechniken dient. Man wird dabei sehr schnell feststellen, daß der kleine pendelnde Ball sehr schwer zu treffen ist, aber auch, daß das beständige Üben die Wahrnehmungsfähigkeit des Auges und die Zielgenauigkeit merklich verbessert.

Die besten Trainingsgeräte zur Ausbildung von harten, wirkungsvollen Schlägen und Tritten sind neben den Hand-

und Armpratzen für das Partnertraining der Sandsack (Abb. 21) und das Makiwara (Abb. 22). Diese Geräte können mit vollem Krafteinsatz bearbeitet werden. Man sollte sich jedoch stets vor Augen halten, daß erst die Schnelligkeit und das genaue Treffen einer empfindlichen Körperstelle die wahre Härte einer Angriffstechnik ausmachen. Man sollte daher auch beim Training niemals blindlings am Gerät »herumschlagen«, sondern sich stets einen Gegner vorstellen, diesen mit technisch einwandfreien, zielgenauen und harten Schlagkombinationen angreifen und die eigene Deckung niemals vernachlässigen. So, wie man am Gerät arbeitet, wird man später auch im Wettkampf seine Techniken anzubringen versuchen.

Timing

Timing umfaßt – einfach ausgedrückt – die Fähigkeit, Aktionen eines Gegners blitzschnell zu erkennen und zu durchschauen sowie zeitgerecht darauf zu reagieren. Erfolgt eine Reaktion zu früh, so kann sich der Gegner eventuell noch darauf einstellen und sie vereiteln. Erfolgt sie zu spät, so wird man möglicherweise selbst getroffen oder kann keine wirkungsvolle Kontertechnik mehr anbringen. Das Timing zu trainieren erfordert sehr viel Geduld. Die Reaktionszeit – also die Zeitspanne zwischen dem Erkennen der Angriffstechnik und der ersten möglichen Gegenreaktion – ist erblich bedingt und kann daher nicht nutzbringend verändert werden. Trainiert werden muß daher vor allem die Fähigkeit von Auge und Gehirn, Bewegungen des Gegners sofort zu erkennen und richtig zu deuten. Dazu ist zunächst einmal die Entwicklung des sogenannten peripheren Sehens beim Wettkampf erforderlich. Der Mensch konzentriert sich beim Sehen normalerweise auf ein kleines, punktförmiges Feld, dessen Randbezirke immer mehr verschwimmen. Es ist ihm daher eigentlich nicht möglich, Arme und Beine eines Gegners im Kampf gleichermaßen konzentriert zu fixieren. Gerade dies wäre aber von entscheidender Bedeu-

21

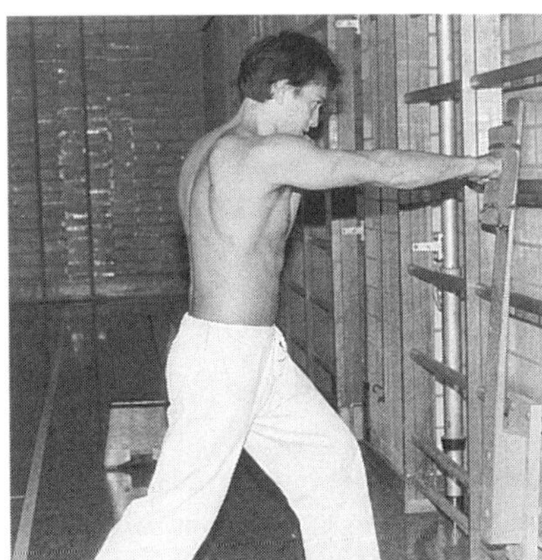

22

23

tung. Die Technik des peripheren Sehens soll dies nun ermöglichen. Hierzu fixiert man einen Punkt des Gegners – in der Regel seine Augen – und läßt dieses Bild vor den eigenen Augen leicht verschwimmen. Da man nun den ganzen Gegner gleich unscharf wahrnimmt, kann man alle seine Bewegungen – gleich, ob die der Arme oder der Beine – schnellstmöglich erkennen und augenblicklich darauf reagieren (Abb. 23).

Um das periphere Sehen zu schulen, eignet sich besonders folgende Übung: Eine Person steht in Kampfstellung auf der Matte. Im Halbkreis um sie herum stehen im Abstand von etwa 4 m drei bis sechs »Angreifer«, von denen jeder einen Medizinball in den Händen hält. Der Verteidiger fixiert mit seinem Blick die ihm gegenüberstehende mittlere Person in der vorher beschriebenen Weise. Nun wirft einer nach dem anderen – in beliebiger Reihenfolge – seinen Ball gegen den Verteidiger. Dieser soll den Ball erkennen und abwehren, ohne dabei den Kopf zu bewegen. Die Übung muß sehr konzentriert durchgeführt werden, um die Fähigkeit des Auges zu schulen, auch die Bewegungen in den unscharfen Randbezirken wahrzunehmen. Damit der Verteidiger keine Angst vor den Bällen hat – was ihn zwangsläufig zu Kopfdrehungen verleiten würde –, dürfen die Angreifer nicht zu hart werfen und nur auf den Oberkörper zielen.

Eine weitere hervorragende Trainingsmethode, die nicht nur das Wahrnehmungsvermögen, sondern gleichzeitig auch die Reaktion schult, ist das Üben der sogenannten Stopschläge (siehe auch Kapitel »Die Taktik des Auflaufenlassens des Gegners«). Die Partner stehen sich hierbei in Kampfstellung gegenüber. Beide tragen Kampfhandschuhe. Der eine hat nun die Aufgabe, den anderen mit einem Faustschlag halbkreisförmig zur Wange zu treffen. Der Verteidiger soll, sobald er den Schlagansatz erkennt, dem Angreifer zuvorkommen und ihn mit einem geraden Fauststoß zum Kinn treffen (Leichtkontakt!). Man wird feststellen, daß dies am Anfang fast unmöglich ist. Mit der Zeit wird das Auge jedoch darin geschult, Angriffe bereits im Ansatz zu erkennen, und man kann noch rechtzeitig reagieren. Das Timing wurde also entscheidend verbessert. Die gleiche Übung läßt sich selbstverständlich auch mit Fußtechniken durchführen. Der Angreifer führt zum Beispiel einen Halbkreistritt zur Schulter des Verteidigers aus. Dieser hat der Technik mit einem Vorwärtsfußtritt zum Magen zuvorzukommen. Als höchste Übungsform für Fortgeschrittene kann man den Angreifer auch mit verschiedenen Techniken angreifen lassen, die der Verteidiger zu erkennen und stoppen versucht.

Abhärtungstraining

Der Ju-Jutsu-Wettkampf wird zwar mit Leichtkontakt ausgeübt, doch gerade bei Blocktechniken, wenn der eigene Unterarm gegen das Schienbein des Gegners prallt oder wenn man nach einer Wurftechnik des Gegners schmerzhafte Bekanntschaft mit der Matte macht, stellt man fest, daß ein gewisser Grad der Abhärtung für einen Ju-Jutsu-Kämpfer eine dringende Notwendigkeit darstellt. Anderenfalls kann es passieren, daß man die ersten Angriffe des Gegners hervorragend abwehrt, anschließend aber die Arme vor Schmerz kaum noch bewegen kann und somit den Kampf doch noch verliert. Auch lassen die Regelauslegungen einen mittelstarken Schlag auf den Magen durchaus noch als Leichtkontakt gelten. Einem Kämpfer jedoch, der es nie gelernt hat, solch einen Schlag zur mittleren Angriffsstufe, dem Rumpf, »wegzustecken«, kann sehr leicht die Luft wegbleiben. Obwohl ihn der Gegner kampfunfähig geschlagen hat, liegt kein Regelverstoß vor, und der Sieg würde diesem zugesprochen.

Ein angemessenes Abhärtungstraining ist daher regelmäßig zu betreiben und läßt sich folgendermaßen durchführen: Gegen das Fallen auf die Matte wird man schon durch das ständige Üben der Wurftechniken ausreichend unempfindlich. Man sollte seine Aufmerksamkeit daher vor allem auf die Unterarme, die Schienbeine und die Bauchpartie rich-

24

25

ten. Einen guten Abhärtungseffekt erreicht man zum Beispiel, wenn man Blocktechniken gegeneinander ausführt (Abb. 24), oder wenn ein Partner mit angesagten Techniken angreift und der andere diese hart blockiert, wie auf Abbildung 25 gezeigt.

Dies sollte jedoch in einem vernünftigen Rahmen geschehen, da wir es nicht mehr nötig haben, unsere Arme und Beine wie frühere Kung-Fu-Kämpfer oder heutige Thai-Boxer systematisch schmerzunempfindlich zu schlagen und damit gleichzeitig zu verkrüppeln. Letztere kämpfen auch heute noch um ihre Existenzgrundlage, und viele von ihnen treten im Alter von nicht einmal 30 Jahren mit schweren körperlichen Schäden von der Kampfbühne ab. Ju-Jutsu ist ein Freizeitsport, der uns vor allem auch die Gesundheit bis ins hohe Alter erhalten soll. Daher sollte auch das Training stets in einem angemessenen Verhältnis zum sportlichen Charakter des Ju-Jutsu stehen.

Die Bauchmuskulatur kann man einmal durch gezieltes Krafttraining abhärten, zum anderen durch folgende Übungen:

Ein Partner legt sich auf den Rücken, der andere wirft einen Medizinball je nach bereits erreichtem Abhärtungsgrad mit unterschiedlicher Kraft (Intensität) auf dessen Bauch (Abb. 26).

Ein Partner versucht den anderen mit kurzen, schnellen Schlägen auf den Magen

26

27

rückwärts zu treiben (Abb. 27). Dieser stemmt sich so gut es geht dagegen, wobei er versucht, sich nicht abdrängen zu lassen. Er sollte dabei auch anstreben, ruhig durchzuatmen und die Luft beim Anspannen der Bauchmuskulatur nicht in der Lunge zu pressen. Das Ziel ist erreicht, wenn er bei der Durchführung dieser Übung noch in der Lage ist, sich mit seinem Partner zu unterhalten.

Die beste und universellste Methode, alle Körperteile abzuhärten, besteht natürlich darin, im Training ständig lockere Übungskämpfe durchzuführen, deren Härte sich langsam bis zur realistischen Wettkampfsituation steigert. Mit der Zeit tritt eine derartig starke Gewöhnung ein, daß man selbst härtere Treffer kaum noch wahrnimmt. Alle Kämpfer, die ein Abhärtungstraining nicht für wichtig halten und immer noch glauben, sie könnten einen Gegner mit einem Schlag ausschalten und würden selbst nie getroffen, sollten an die Kämpfe großer Kampfsportidole wie Bruce Lee, Muhammed Ali oder Chuck Norris denken. Auch diese mußten zum Teil schwere Niederlagen einstecken. Daß sie trotzdem aus den meisten Kämpfen als Sieger hervorgingen, verdankten sie nicht nur ihrer perfekten Technik und Durchschlagskraft, sondern auch ihrer massiven Abhärtung. Ein Spitzenkämpfer zeichnet sich immer durch hervorragende Geber- *und* Nehmerqualitäten aus.

Kampfszene

Allgemeines Regelwerk

Im folgenden werden die derzeit gültigen Ju-Jutsu-Wettkampfregeln wiedergegeben. Soweit dies zum besseren Verständnis notwendig ist, werden dem offiziellen Text eigene Anmerkungen sowie Regelauslegungen, die auf dem Bundeskampfrichter-Seminar 1985 in Scheeßel erarbeitet wurden, nachgestellt.

Artikel 1: Mattenfläche

Die Mattenfläche soll 10 x 10 bis 12 x 12 m betragen. Die Kampffläche wird von einer 2 m breiten Sicherheitszone eingerahmt. Die Kampffläche muß gut sichtbar abgegrenzt sein. Der Standplatz der Kämpfer vor den Kampfaktionen wird mit Klebestreifen markiert, die 1 m von der Sicherheitsfläche entfernt angebracht werden. Die Kampfrichter überprüfen vor und während des Kampfs die Matte auf ihren wettkampfgemäßen Zustand und

Die Mattenfläche

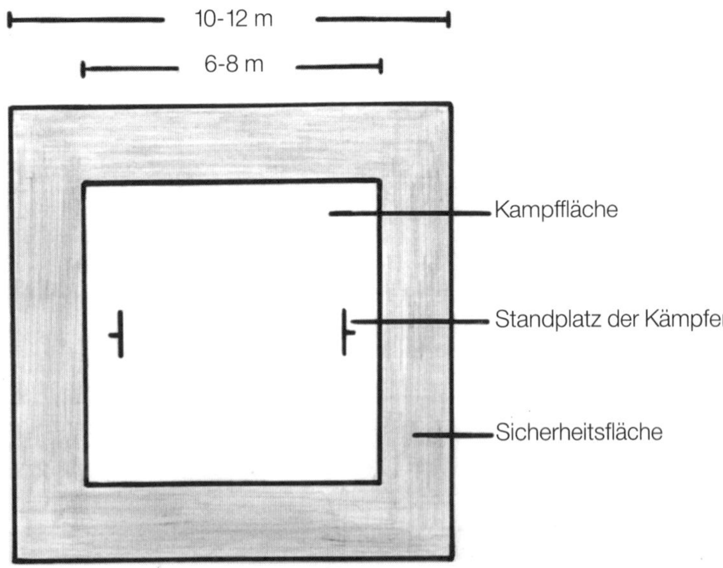

28

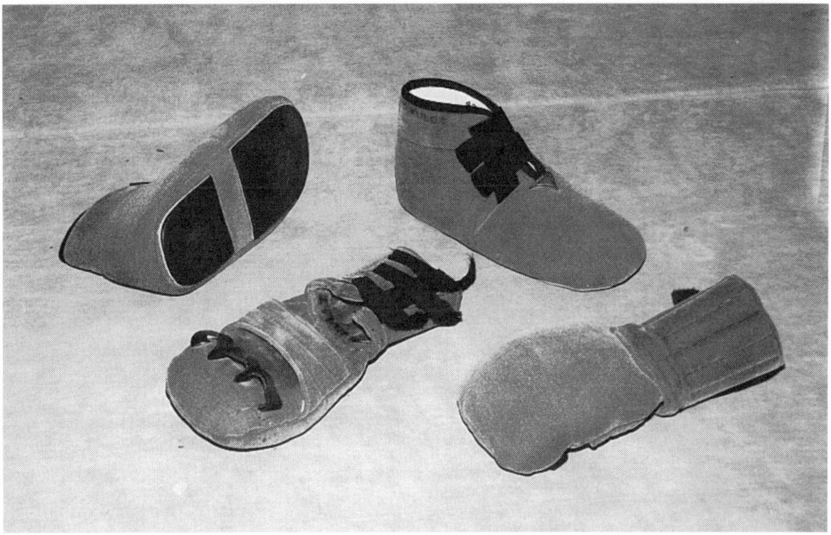

29

geben die Kampffläche frei, wenn der ordnungsgemäße Zustand hergestellt ist.

Artikel 2: Kampfflächenbegrenzung

Der Kampf soll auf der Kampffläche ausgetragen werden. Wird eine Technik angewandt, während sich einer der Kämpfer auf der Sicherheitsfläche befindet, so wird diese Technik nicht gewertet. Außerhalb der Kampffläche befindet sich ein Kämpfer, wenn sich seine beiden Beine oder die Hälfte seines Körpers auf der Sicherheitsfläche befinden.

Artikel 3: Kleidung

Die Kämpfer tragen einen weißen Ju-Jutsu-Anzug (keinen Taekwondo-Anzug und keine Schlupfjacken). Ellenbogen und Knie müssen durch den Anzug bedeckt werden.

Artikel 4: Schutzausrüstung

Beim Ju-Jutsu-Kampf muß Hand-, Fuß- und Tiefschutz getragen werden. Weitere Schutzausrüstungen (wie Kopf-, Brust- oder Schienbeinschützer) sind zugelassen. Die verwendeten Schützer müssen eine Verletzung des Wettkampfgegners ausschließen und von der Sektion Ju-Jutsu für Wettkämpfe zugelassen sein. Im Einzelfall entscheidet das Kampfgericht.

Erläuterung:
Folgende Kriterien müssen von einem Faustschutz erfüllt werden, um vom

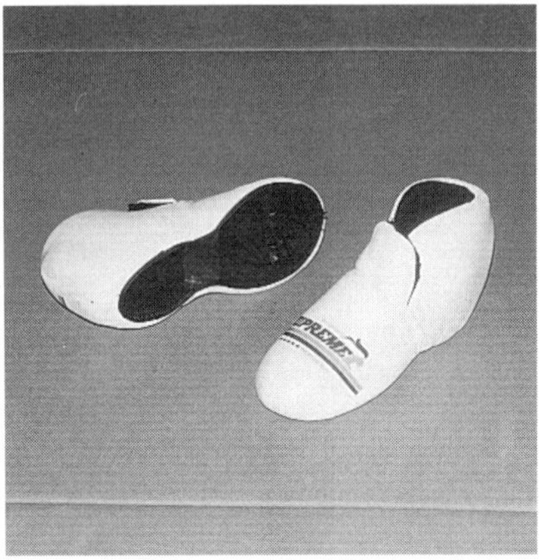

30

Kampfgericht anerkannt zu werden. Die Polsterung muß ausreichend sein, um bei eventuellen härteren Treffern eine Verletzung des Gegners weitgehend auszuschließen. Die Dämpfungseigenschaften dürfen keinesfalls durch Reparaturstellen mit Klebestreifen verändert sein. Außerdem müssen die Handflächen soweit frei sein, daß ein ungehindertes Zugreifen möglich ist. Auch der verwendete Fußschutz muß eine ausreichende Dämpfung von Treffern gewährleisten und durch Klettverschlüsse, nicht durch verknotete Bänder zusammengehalten werden. Als am zweckmäßigsten haben sich die vom ehemaligen Bundestrainer Josef Art speziell für den Ju-Jutsu-Kampf entwickelten und auch durch ihn vertriebenen Schutzausrüstungen erwiesen (Abb. 29). Auffallend ist sein nach allen Seiten geschlossener Fußschutz, der optimale Sicherheit gewährleistet. Aber auch die an der Fußsohle offenen Schützer, die vor allem im Kontakt-Karate verwendet werden, sind beim Ju-Jutsu zugelassen (Abb. 30). Die Kampfrichter haben jedoch darauf zu achten, daß der ganze Fuß einschließlich Ferse und Zehen bedeckt ist und der Fußschutz nicht verrutschen kann.

Von der Sektion Ju-Jutsu offiziell zugelassen sind derzeit die Schutzausrüstung des Vertriebs Heidi Art sowie die *Leichtkontakt*schützer der Firmen VIS, John Rhee, KWON und Dan-Rho.

Artikel 5: Persönliche Anforderungen

Die Kämpfer müssen Finger- und Zehennägel kurz geschnitten halten und dürfen keine Gegenstände tragen, die den Gegner verletzen oder gefährden könnten. Die Kampfrichter haben sich vor Beginn des Kampfes von der Einhaltung dieser Bestimmung zu überzeugen.

Artikel 6: Kampfdauer

Die Kampfdauer beträgt bei Senioren zwei Minuten. Bei Punktgleichstand wird der Kampf um eine Minute verlängert. Sollte nach Verlängerung des Kampfes immer noch Punktegleichheit bestehen, so wird der Kampf bis zur nächsten Wertung verlängert, wobei dann jeder Kampfrichter beim Feststellen einer Wertung den Kampf sofort unterbrechen kann.
Sieger ist, wer nach Beendigung der Kampfzeit die meisten Punkte erzielt hat. Bei einer Würge- oder Hebeltechnik und bei sechs Punkten Vorsprung erfolgt Kampfabbruch durch technische Überlegenheit. Allen Kämpfern ist zwischen den Kämpfen eine Erholungszeit von minde-

stens der doppelten letzten Kampfzeitdauer zu gewähren.

Artikel 7: Erlaubte Techniken

Erlaubt sind alle Schlag-, Stoß- und Trittechniken oberhalb der Gürtellinie sowie Fußfeger, Würfe, Hebel- und Würgetechniken, die vom Kämpfer kontrolliert ausgeführt werden. Im Standkampf ist bei allen Schlag-, Stoß- und Trittechniken nur Leichtkontakt erlaubt. Befindet sich ein Kämpfer in der Bodenlage, dürfen Schlag-, Stoß- und Trittechniken von oben nach unten nur ohne Kontakt ausgeführt werden.

Erläuterung:
Die kontrollierte Ausführung einer Technik setzt voraus, daß der Ausführende die betreffende Technik notfalls im Ablauf stoppen kann und ein Gefühl dafür hat, wie weit er die Bewegungen ausführen darf, ohne den Gegner zu verletzen. Faust- und Fußtechniken sind zielgenau und mit Leichtkontakt zu plazieren. Der Kämpfer darf daher nicht blindlings um sich schlagen, mit dem Ziel, seinen Gegner einfach irgendwo zu treffen. Dies hätte zumindest eine Verwarnung zur Folge. Hebel- und Würgetechniken dürfen nicht ruckartig durchgerissen werden und sind beim Abklatschen (Zeichen der Aufgabe) des Gegners augenblicklich zu lösen.
Unter »Leichtkontakt« versteht man bei einer Schlag- oder Trittechnik, daß diese den Gegner zwar berührt, aber nicht mit voller Wucht – in der Absicht, den Gegner zu verletzen oder ein K. o. herbeizuführen – durchgezogen wird. Den Kopf dürfen

Kampfszene

diese Techniken also nur so leicht berühren, daß der Getroffene keine oder nur minimale Reaktion zeigt. Zur mittleren Körperpartie ist härterer Kontakt erlaubt. Bei einem Ju-Jutsu-Wettkämpfer wird ein gewisses Maß an Abhärtung vorausgesetzt, so daß eine durchschnittlich harte Technik, die beim Getroffenen eine Reaktion zeigt, normalerweise nicht als verbotener Vollkontakt zu werten ist. Hierüber entscheidet das Kampfgericht.
Kämpfer, die wiederholt vortäuschen, zu hart getroffen zu sein, sind zu verwarnen.
Techniken, die aus Fairneßgründen ohne Kontakt erfolgen – zum Beispiel, weil ein Kämpfer dem anderen den Rücken zukehrt –, sind wie Treffer zu werten.
Um Verletzungen zu vermeiden, darf, wenn sich ein Kämpfer in der Bodenlage befindet, Kontakt nur von unten nach oben erfolgen. Der oben befindliche Gegner darf nur angedeutete Schläge ausführen.
Hebel- und Würgetechniken zählen nur bei Aufgabe des Gegners. Lediglich im Falle erkennbarer Verletzungsgefahr oder Bewußtlosigkeit eines Kämpfers greift der Kampfrichter ein.

Artikel 8: Verbotene Techniken

Verboten sind Fingerstiche, Kopf-, Ellenbogen- und Kniestöße, Hebel, die auf Finger-, Zehen- oder Kniegelenk wirken, Schlag- und Trittechniken unterhalb der Gürtellinie sowie Techniken, die darauf abzielen, den Gegner zu verletzen.

Erläuterung:
Als verletzungsträchtig und damit verboten sind konkret folgende Techniken eingestuft:
Schulterhebel (zum Beispiel Armbeugehebel) im Stand, Fußhebel, Handballenstoß, Fersendrehschlag zum Kopf, Handkantenschlag, Nierenschere und Genickhebel. Beim Scherenwurf muß ein Bein oberhalb der gegnerischen Knie angesetzt werden.

Artikel 9: Wertungen

Jede Technik muß kraftvoll, dynamisch und kontrolliert ausgeführt werden. Sie wird wie folgt bewertet:

Schlag-, Stoß- oder Trittechnik (Treffer gegen gesamten Oberkörper außer den Armen)	1 Punkt
Wurf, der den Gegner zu Boden bringt, ohne daß die Technik erkennbar ist	2 Punkte
Wurf, bei dem die Technik erkennbar ist	3 Punkte
Fußtechnik zum Kopf	2 Punkte
Wurftechnik mit nachfolgender Schlag-, Stoß- oder Trittechnik	3 oder 4 Punkte
Schlag-, Stoß- oder Trittserie im Stand und Bodenkampf	maximal 3 Punkte

Artikel 10: Kampfgericht

(Der Text und die Erläuterung dieses Artikels sind dem Kapitel »Kampfrichter« [S. 154] zu entnehmen.)

Artikel 11: Verstöße gegen die Wettkampfregeln

Bei Verstößen gegen die Wettkampfregeln werden je nach Schwere des Verstoßes Verwarnungen oder eine Disqualifikation ausgesprochen. Bei der dritten Verwarnung ist der Kämpfer zu disqualifizieren. Die Disqualifikation kann für den betreffenden Kampf oder für den gesamten Wettkampf ausgesprochen werden. Bei Verwarnungen erhält der Gegner zwei Punkte. Mißachtungen des Kampfgerichts führen zur Verwarnung oder zur Disqualifikation.

Artikel 12: Beginn und Ende des Kampfes

Der Kampf beginnt mit dem Kommando »Kämpft« und endet mit dem Kommando »Stop«. Beide Kämpfer kehren beim Kommando »Stop« auf ihre Ausgangspunkte zurück. Auf Weisung des Hauptkampfrichters grüßen beide Kämpfer vor dem Kampf und bei Bekanntgabe des Kampfergebnisses. Das Ende der Kampfzeit wird durch ein akustisches Signal angezeigt. Nach Ende des Kampfes gibt der Hauptkampfrichter den Sieger bekannt, indem er mit dem gestreckten Arm auf diesen weist.

Artikel 13: Kampfunterbrechung

Eine Aktion wird erst dann unterbrochen, wenn

a) sie in einen planlosen Schlagabtausch ausartet,
b) erkennbar ist, daß keine Wertung mehr erzielt werden kann,
c) sich einer der Kämpfer außerhalb der Kampffläche befindet.

Aus zwingenden Gründen kann jeder Kampfrichter den Kampf unterbrechen. Beim Verlassen der Kampffläche mit beiden Füßen (Mattenflucht) erhält der Gegner einen Punkt.

Erläuterung:
Mattenflucht liegt nur vor, wenn ein Kämpfer freiwillig, aus Unachtsamkeit oder beim Ausweichen aus der Matte tritt, nicht aber, wenn er aus der Matte geworfen oder gestoßen wird.

Artikel 14: Verletzungen

Wenn ein Kampf wegen Verletzung eines Kämpfers unterbrochen wird, können die Kampfrichter eine Erholungszeit von maximal 5 Minuten gewähren. Wenn ein Kämpfer wegen einer Verletzung nicht oder nicht mehr in der Lage ist, den Kampf fortzuführen, erfolgt durch das Kampfgericht die Entscheidung:

a) Ist die Verletzung ohne Verschulden eines der Kämpfer eingetreten oder dem verletzten Kämpfer zuzuschreiben, so verliert er den Kampf.

b) Ist die Verletzung dem nicht verletzten Kämpfer zuzuschreiben, so verliert dieser den Kampf.

Bei jedem Wettkampf muß ein Sanitäter anwesend sein. Das Kampfgericht kann einem Kämpfer bei einer möglichen Gesundheitsgefährdung das Weiterkämpfen in diesem Wettkampf untersagen.

Artikel 15: Situationen, die von diesen Regeln nicht erfaßt werden

Wenn eine Situation entstehen sollte, die in diesen Regeln nicht erfaßt wurde, so soll sie von den Kampfrichtern behandelt und entschieden werden.

Wichtige Auszüge aus der Sportordnung der Sektion Ju-Jutsu im DJB (Deutscher Judo-Bund)

§ 9 Teilnahmeberechtigung

(1) Bei Veranstaltungen sind nur Mitglieder der Sektion Ju-Jutsu teilnahmeberechtigt, die mindestens den 3. Kyu-Grad (grünen Gürtel) besitzen, bei Veranstaltungen bis auf Landesebene den 5. Kyu (Gelbgurt).

(2) Jeder Teilnehmer an einer Veranstaltung muß im Besitz eines gültigen Budo-Passes sein, der mit der gültigen Jahressichtmarke versehen ist. Der Paß muß beim Wiegen vorliegen.

....

§ 13 Wiegen

(1) ...

(2) Die Teilnehmer müssen mindestens eine Stunde vor dem offiziellen Wiegen die Möglichkeit haben, ihr Gewicht zu überprüfen (Anmerkung: Sie haben dann die Möglichkeit, ein geringes Übergewicht noch abzubauen). Ein Nachwiegen ... ist nicht erlaubt. ...

§ 19 Gewichtsklassen

(1) Bei Senioren gelten folgende Gewichtsklassen:

bis 65 kg	bis 70 kg	bis 75 kg
bis 80 kg	bis 85 kg	bis 90 kg
über 90 kg		

(2) Bei Veranstaltungen ist der Start nur in einer Gewichtsklasse möglich. (Anmerkung: Der freiwillige Wechsel in eine höhere Gewichtsklasse ist zulässig.)

Grundschultechniken

In diesem Abschnitt werden die wichtigsten und wirkungsvollsten Grundtechniken für den Ju-Jutsu-Wettkampf dargestellt. Selbstverständlich sind auch andere, hier nicht aufgezeigte Techniken grundsätzlich erlaubt. Da sich diese jedoch im praktischen Wettkampf kaum bewährt haben und nur von einzelnen Kämpfern als Spezialtechniken bevorzugt werden, würde es den Rahmen dieses Buches sprengen, auch hierauf genauer einzugehen.

Kampfstellungen

Die richtige Körperhaltung beim Kampf sowie die dazugehörige Deckung sind Grundvoraussetzungen dafür, möglichst beweglich zu sein und gleichzeitig dem Gegner so wenig Angriffsfläche wie möglich zu bieten. Die nachfolgend aufgezeigten Kampfstellungen sind die am häufigsten praktizierten. Ihre positiven wie negativen Aspekte werden jeweils kurz dargestellt.

31

32

33

Die Abbildung 33 zeigt eine weitere mögliche Kampfstellung, die ihren Ursprung im Boxen hat und der Tatsache gerecht wird, daß der Kopf das empfindlichste erlaubte Angriffsziel ist. Ein Schlag zum Magen kann von einer abgehärteten Person leichter verdaut werden als ein solcher zum Gesicht. Der Schutz der mittleren Stufe erfolgt in dieser Stellung hauptsächlich durch das Zusammenziehen der Ellenbogen und das Anspannen der Bauchmuskulatur. Diese Kampfstellung kann vor allem bei einem Schlagabtausch auf der Straße Vorteile bieten. Ihr Nachteil beim Ju-Jutsu-Wettkampf beruht jedoch darauf, daß Angriffe zur mittleren Stufe die Deckung, wenn auch stark abgeschwächt, teilweise passieren können. Dies kann zu einem Punktege-

Die Abbildungen 31 und 32 zeigen die gebräuchlichste und zweckmäßigste Form der Kampfstellung, einmal frontal und einmal von der Seite. Die Arme dekken den gesamten Oberkörper ab – der linke den Kopf, der rechte die Bauchpartie. Die Ellenbogen liegen nahe am Körper an, um die Flanken mit Leber, Milz und Nieren zu schützen. Die Hände sind zu Fäusten geschlossen, um bei Blocktechniken Verletzungen der Finger zu vermeiden. Der Körper kann leicht seitlich abgedreht werden, um die Körpermittellinie, auf der die verletzlichsten Angriffsziele (Nase, Kinn, Kehlkopf, Solarplexus, Magen und Genitalien) liegen, vom Gegner abzuwenden. Das Körpergewicht ruht gleichmäßig auf beiden Beinen; diese sind leicht gebeugt. Hierdurch werden schnelle Bewegungen ermöglicht.

34

35

winn des Angreifers führen, auch wenn die Technik im Ernstfall keine entscheidende Wirkung gehabt hätte.

Auch die anderen beiden Stellungen werden häufig praktiziert, weisen jedoch entscheidende Mängel auf. Die in Abbildung 34 dargestellte betont sehr stark die Dekkung der unteren Körperhälfte, vernachlässigt aber die Deckung des Kopfs. Ein mit einer Schlagkombination angreifender Gegner hätte daher kaum Schwierigkeiten, einen Treffer anzubringen. Der Unterleib und die Beine sollten daher besser durch Abdrehen, Ausweichen und eine ausgefeilte Bewegungslehre geschützt werden. Die seitliche Kampfstellung (Abb. 35) bietet dem Angreifer zwar wenig Angriffsfläche, schränkt aber die Bewegungsfreiheit und vor allem auch die Einsatzmöglichkeiten des hinteren Arms und des hinteren Beins zu stark ein. Man kann selbstverständlich entsprechend der jeweiligen Kampfsituation von einer Stellung in die andere wechseln.

Ob man während des Kampfs das linke oder das rechte Bein vorn hat, ist eine Frage des eigenen Könnens. In der Regel kämpfen Rechtshänder in der Linksauslage – das heißt, mit dem linken Bein vorn –, Linkshänder hingegen in der Rechtsauslage. Dies ist jedoch letztendlich nicht entscheidend. Ausschlaggebend ist allein der Erfolg.

Fausttechniken

Gerader Fauststoß

Beim geraden Fauststoß unterscheidet man zwei Formen: den »gleichseitigen« Fauststoß mit dem vorderen Arm und den »diagonalen« Fauststoß mit dem hinteren Arm. Beide Arten haben die gleichen Grundprinzipien: Die Faust wird aus der Deckung heraus auf einer geraden Linie zum Ziel gestoßen und sofort auf demselben Weg wieder zurückgezogen. Die Schulter des stoßenden Arms wird leicht nach vorn gebracht, um die Reichweite zu erhöhen. Gleichzeitig zieht man sie etwas nach oben, um das Kinn abzudecken. Die andere Seite des Kopfs wird durch die freie Hand geschützt. Vor, während und nach dem Angriff ist darauf zu achten, daß die Deckung möglichst lükkenlos geschlossen bleibt.

Der Fauststoß mit dem vorderen Arm (Abb. 36 und 37) kann durch die kurze Distanz zum Gegner sehr schnell plaziert werden, hat jedoch verhältnismäßig wenig Kraft. Daher wird er bevorzugt dazu eingesetzt, die Deckung des Gegners zu stören, ein Täuschungsmanöver zu praktizieren und damit erst den Hauptangriff vorzubereiten.

Der diagonale Fauststoß (Abb. 38 und 39) ist wesentlich kräftiger, hat jedoch einen längeren Weg zum Ziel und ist daher leichter abzuwehren. Er sollte deshalb erst nach einem der im Kapitel »Angriffstaktiken« (S. 90) beschriebenen Täuschungsmanöver angewandt werden. Wichtig für die maximale Kraft- und Reichweitenentfaltung ist das energische Eindrehen der Hüfte beim Stoß. Eine weitere Unterscheidung zum traditionellen Fauststoß mit dem hinteren Arm besteht darin, daß der hintere Fuß nicht fest auf dem Boden steht, sondern die Ferse vom Boden abgehoben wird. Hierdurch kann man die Hüfte beim Stoß besser einsetzen und ihr durch das Abdrücken mit dem Fußballen und das kräftige Durchstrecken des Beins einen zusätzlichen Drehimpuls verleihen. Dieser überträgt sich durch Hüfte, Schulter und Arm auf die Faust und verleiht dem diagonalen Fauststoß seine immense Durchschlagskraft.

Zur Überbrückung größerer Entfernungen, wenn der Gegner sich auf Distanz hält oder rückwärts bewegt, ist der Fauststoß zweckmäßigerweise mit einem Ausfallschritt mit dem vorderen Bein zu kombinieren (Abb. 40 und 41). Da hinter diesem Schlag die Wucht des gesamten Körpergewichts liegt, kann eine noch größere Wirkung erzielt werden als durch die Grundtechnik. Auch hierbei darf man jedoch nicht vergessen, den Arm sofort wieder in Deckung zurückzuziehen, damit ihn der Gegner nicht ergreifen und einen Gegenangriff starten kann.

36

37

38

39

40

41

Faustschlag

Im Gegensatz zum Fauststoß wird der Faustschlag in einer bogenförmigen Bewegung zum Gegner geführt. Man unterscheidet hierbei den horizontalen Faustschlag (Abb. 42 und 43), den Faustschlag nach oben – auch als »Aufwärtshaken« bezeichnet (Abb. 44) – und den Faustschlag nach unten (Abb. 45). Zu beachten ist, daß gemäß den Regeln nur mit dem abgepolsterten Teil der Faust getroffen werden darf. Die Faust ist daher beim Faustschlag so zu drehen, daß der Faustrücken und nicht die freistehenden Knöchel den Gegner berühren. Wie beim Fauststoß ist darauf zu achten, daß die Schlagwirkung durch das Eindrehen der Hüfte verstärkt wird und daß die Faust sofort nach dem Schlag in die Deckung zurückgezogen wird.

42

43

44

45

Faustrückenschlag

Wie die anderen Fausttechniken kann auch der Faustrückenschlag sowohl mit dem vorderen als auch mit dem hinteren Arm ausgeführt werden und soll möglichst ansatzlos – das heißt, ohne dem Gegner die Technik durch Ausholen zu signalisieren – direkt aus der Deckung heraus geschlagen werden. Er ist zwar nicht so kräftig wie ein Fauststoß oder Faustschlag, kann jedoch sehr schnell und vielseitig aus jeder Stellung heraus gegen alle Körperpartien des Gegners eingesetzt werden. Der Faustrückenschlag eignet sich ebensogut als Angriffs- wie als Kontertechnik (Abb. 46 und 47).

46

47

48

49

50

51

Besonders effektiv und kraftvoll ist er auch aus der Drehung heraus einzusetzen (Abb. 48 bis 51). Hierbei ist jedoch zu beachten, daß man bei Ausführung der Technik Blickkontakt zum Ziel haben muß, da sie sonst zu einer Verwarnung wegen unkontrollierten Schlagens führen kann.

Fußtechniken

Fußstoß und Fußtritt vorwärts

Der Fußstoß unterscheidet sich vom Fußtritt dadurch, daß das Bein mit starkem Hüfteinsatz durch die ganze Körperwucht vorwärts getrieben wird. Beim Tritt erfolgt nur eine Schnappbewegung aus dem Unterschenkel heraus. Der Tritt (Abb. 52 und 53) wie auch der Stoß (Abb. 54 und 55) können mit dem vorderen oder dem hinteren Bein ausgeführt werden. Wichtig ist, daß das Knie vor der Ausführung dieser Fußtechnik maximal angehoben wird und auf möglichst horizontalem Weg zum Zielpunkt geführt wird. Wenn der Tritt von unten kommt, ist die Gefahr zu groß, daß man mit der Fußbrücke gegen Ellenbogen oder Faust des Gegners trifft. Der Fußstoß vorwärts mit dem vorderen Bein eignet sich besonders gut als sogenannte Stoptechnik (S. 106).

52

53

54

55

Fußstoß seitwärts

Trefferfläche beim Fußstoß seitwärts ist die Fußaußenkante oder die Ferse. Wie beim Fußstoß vorwärts ist es wichtig, das Knie vor dem Stoß möglichst hoch zu heben.

Der Fußstoß seitwärts ist verhältnismäßig langsam und sollte daher als Angriffstechnik nur nach einem vorausgehenden Täuschungsmanöver – zum Beispiel einem Faustrückenschlag zum Kopf – angewandt werden (Abb. 56 bis 59).

Da er eine große Reichweite hat, ist der Fußstoß seitwärts mit dem vorderen Bein vorzüglich dazu geeignet, einen anstürmenden Gegner durch einen sogenannten Stoptritt auf Distanz zu halten (Abb. 60 und 61).

56

57

58

59

60

61

Halbkreisfußtritt

Diese Fußtechnik wird bogenförmig zum Gegner getreten und trifft mit dem Fußspann. Besonders schnell kann sie mit dem vorderen Bein ausgeführt werden (Abb. 62 und 63). Zu beachten ist, daß die Hüfte mit eingesetzt wird und der Körper abgedreht ist. Zielpunkte für den Halbkreisfußtritt sind der Kopf oder die mittlere Körperpartie mit Magen, Leber und Nieren.

Eine wirksame Variante ist der Halbkreisfußtritt nach außen (Abb. 64 und 65).

Eine weitere sehr interessante Abart ist der Halbkreisfußtritt rückwärts, bei dem mit der Ferse oder dem Fußballen getroffen wird. Er kann mit beiden Beinen (Abb. 66 bis 69) ausgeführt werden und Kopf wie mittlere Stufe treffen.

Der Halbkreisfußtritt rückwärts ist eine sehr schnelle und wuchtige Technik, die

62

63

64

65

66

67

68

69

im freien Kampf jedoch den Nachteil hat, daß sie schwer zu kontrollieren und abzustoppen ist. Aus diesem Grund wird mit diesem Angriff sehr oft die Grenze zum Vollkontakt überschritten, was für den Ausführenden eine Verwarnung oder sogar Disqualifikation zur Folge haben kann. Viele Kämpfer setzen den Halbkreisfußtritt rückwärts gegen die Dekkung des Gegners ein, indem sie dessen Arme mit dem Tritt herunterreißen und die entstehende Lücke für einen nachfolgenden Faustangriff ausnützen.

Fußstoß rückwärts

Auftrefffläche des Fußstoßes rückwärts ist wie beim Fußstoß seitwärts die Fußaußenkante oder die Ferse. Bei der Ausführung ist zu beachten, daß man das Knie *vor* dem Körper hochzieht und dann auf gerader Linie nach hinten zum Gegner stößt, dem man dabei halb den Rücken zukehrt. Man unterscheidet

- den direkten Fußstoß rückwärts als Angriffstechnik (Abb. 70 bis 73)

70

71

72

73

74

75

76

77

- den Fußstoß rückwärts aus der Drehung, hier dargestellt nach einem Täuschschlag (Abb. 74 bis 77)

- den Fußstoß rückwärts aus dem Zurückweichen als Stoptechnik (Abb. 78 bis 81).

Wie man sieht, ist der Fußstoß rückwärts sehr vielseitig. Im freien Kampf ist seine Ausführung und Anwendung der des Fußstoßes seitwärts sehr ähnlich; die Abgrenzung der beiden Techniken voneinander wirft daher oft Schwierigkeiten auf.

78

79

80

81

Blocktechniken

Passivblöcke (Ausweichbewegungen)

Als »Blocktechniken« werden alle Techniken bezeichnet, die geeignet sind, Faust- und Fußtechniken abzufangen oder auf andere Weise unwirksam zu machen. Die Passivblöcke zeichnen sich dabei dadurch aus, daß in der Regel kein oder nur minimaler Körperkontakt mit dem Gegner hergestellt wird, vielmehr dadurch, daß man einen Angriff durch verschiedene Ausweichtechniken ins Leere laufen läßt. Die am häufigsten praktizierte Methode ist hierbei das Ausweichen mit einem Ausfallschritt. Die Fotos zeigen

- einen Ausfallschritt nach außen gegen einen geraden Faustst0ß (Abb. 82 und 83)
- das Ausweichen nach innen gegen einen Fußstoß seitwärts (Abb. 84 und 85)

82

83

84

85

86

87

- einen Ausfallschritt rückwärts gegen einen Fußstoß vorwärts (Abb. 86 und 87).

Zu beachten ist, daß die Deckung bei Ausführung eines Passivblocks stets vor dem Körper geschlossen bleibt, um bei Mißlingen der Ausweichbewegung oder einer Folgetechnik des Gegners nicht ungeschützt dazustehen.

Weitere Methoden, die wesentlich schneller, aber auch weitaus schwieriger sind, sind das Auspendeln mit dem Oberkörper rückwärts (Abb. 88) oder seitwärts (Abb. 89).

88

89

90

91

92

93

94

95

Das Abtauchen (Abb. 90), auf das man dann zum Beispiel eine Doppelhandsichel als Kontertechnik folgen lassen kann, sowie das Anheben des vorderen Beins, wenn dieses mit einer Fußfegetechnik angegriffen wird (Abb. 91).

Eine aus dem Boxen stammende, sehr viel Training und gutes Timing erfordernde Ausweichtechnik ist das bogenförmige Abtauchen unter einen Faustschlag (Abb. 92 bis 95). Man taucht hierbei praktisch unter dem Angriff des Gegners hindurch und befindet sich anschließend an dessen Außenseite – und damit in einer günstigen Schlagposition. Das Training dieses Passivblocks schult das Reaktionsvermögen sowie das Gefühl für den Gegner und zeigt bereits Unterschiede zwischen durchschnittlichen und guten Kämpfern auf.

Aktivblöcke

Im Gegensatz zu den Passivblöcken wird bei der Ausführung eines Aktivblocks der gegnerische Schlag oder Tritt direkt abgefangen. Hierzu zählen auch die aus dem Boxen stammenden Techniken, die darin bestehen, die Deckung so zu schließen, daß der Gegner nur den Faustschutz oder die Unterarme trifft (Abb. 96), und der Schienbeinblock gegen einen Halbkreisfußtritt zur mittleren Stufe (Abb. 97). Beide Abwehrtechniken erfordern ein hohes Maß an Abhärtung, da es sonst passieren kann, daß man von seiner eigenen Blocktechnik vor Schmerz kampfunfähig wird.

Selbstverständlich sind auch die im traditionellen Ju-Jutsu angewandten Blocktechniken im Wettkampf praktikabel. Sie finden hierbei jedoch in leicht abgewandelter Form Anwendung. Zunächst einmal ist zu beachten, daß die Techniken ansatzlos – daß heißt, ohne auszuholen – direkt aus der Kampfstellung heraus

96

97

98

99

100

101

102

103

ausgeführt werden. Außerdem dürfen sie nicht überzogen werden, der Unterarm darf also nicht weiter als unbedingt nötig vom Körper abgestreckt werden, um zu vermeiden, daß der Gegner die entstehenden Lücken in der Deckung für einen Folgeangriff ausnutzt. Weiterhin hat man stets auf eine geschlossene Deckung zu achten. Während der Ausführung der Blocktechnik sollte der andere Arm daher zum Schutz am Kopf bleiben und der Blockarm sofort nach der Abwehrbewegung wieder zur Deckung zurückgezogen werden. Die Fotos zeigen die häufigsten Aktivblöcke in der Anwendung: den Unterarmblock nach oben (Abb. 98), den Block nach innen (Abb. 99) und außen (Abb. 100), die Tiefblöcke nach innen (Abb. 101) und außen (Abb. 102) sowie das Handfegen, bei dem der Angriff des Gegners – im Gegensatz zu den anderen Blocktechniken – mit der offenen Handfläche abgeleitet wird (Abb. 103).

Wurftechniken

Grundlagen

Die Würfe im Ju-Jutsu-Wettkampf werden in der Regel genauso ausgeführt wie in der traditionellen Selbstverteidigung. Aus diesem Grunde werden im folgenden die im Wettkampf bewährtesten Wurftechniken ohne ausführliche Erläu-

Kampfszene

terungen in Form von Fotoserien dargestellt. Abänderungen der Grundtechniken, die durch den Wettkampfablauf und vor allem durch die Schutzausrüstung nötig sind, werden kurz angesprochen. Selbstverständlich sind auch andere, hier nicht aufgezeigte Wurftechniken im Kampf erlaubt. Da diese jedoch nur von einigen wenigen Kämpfern mit Erfolg praktiziert werden, würde es den Rahmen dieses Buches sprengen, jede einzelne aufzuzeigen.

Einige Grundregeln, die für jede Wurftechnik gleichermaßen gelten, sollen hier noch kurz erwähnt werden:

- Der Gegner wird mit allen Mitteln versuchen, die Wurfausführung zu verhindern. Daher muß jeder Wurf voll konzentriert und mit äußerstem Krafteinsatz durchgeführt werden. Eine halbherzig angesetzte Technik eröffnet dem Gegner alle Möglichkeiten zu einer erfolgreichen Konteraktion.
- Exaktes und kraftvolles Gleichgewichtsbrechen ist Grundvoraussetzung für das Gelingen einer Wurftechnik. Wenn man seinen Gegner zum Beispiel nach hinten abwerfen will, so hat man sein Gleichgewicht schon beim Wurfeingang durch einen Schlag zum Gesicht oder im Nahkampf durch Druck nach hinten zu brechen. Bei einem Wurf nach vorn wird der Gegner in der Regel durch kräftigen Zug am Arm aus dem Gleichgewicht gebracht.
- Ein zugreifender, in eine bestimmte Richtung ziehender oder drückender Gegner ist unter Ausnutzung von dessen eigener Kraft in diese Richtung weiterzuleiten und zu werfen. Hierdurch wird das klassische Ju-Jutsu-Prinzip des »Siegens durch Nachgeben« verwirklicht. Eine genauere Erläuterung dieses Prinzips wird im Kapitel der »Weiterführungstechniken« (S. 135) erfolgen.
- Nach jeder Wurftechnik muß sofort eine Nachfolgetechnik (Schlag, Stoß, Tritt, Hebel oder Würger) ausgeführt werden, um die ungünstige Position des Gegners zum Punktesammeln zu nutzen.

Gruppe der Hüftwürfe

Der Hüftwurf ist eine bewährte Kampftechnik; sie wird nachfolgend dargestellt gegen den Angriff mit einem Faustschlag (Abb. 104 bis 108). Beachtenswert sind das starke Gleichgewichtsbrechen am Arm des Gegners und das Unterlaufen von dessen Schwerpunkt durch die tiefe Hocke des Verteidigers.

Häufig angewandte Variationen des Hüftwurfs sind das Hüftrad (Abb. 109), bei dessen Ausführung um das Genick des Gegners gefaßt und die Hüfte so stark überdreht wird, daß er praktisch über den runden Rücken des Angreifers rollt, sowie das sogenannte Hüftfegen (Abb. 110 und 111). Dieses entspricht vom Wurfeingang her etwa dem Hüftwurf. Zur Unterstützung des Zugs am Arm werden jedoch zusätzlich die Beine des Gegners weggefegt, indem man das eigene Bein gestreckt nach hinten schwingt und mit der Kniekehle etwa am Knie des Geg-

104

105

106

107

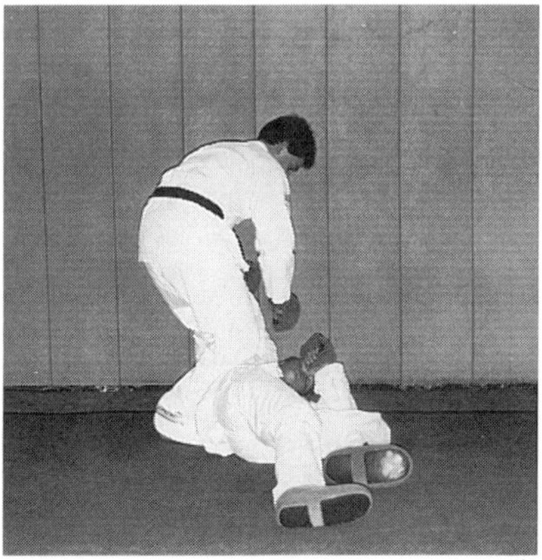

108

109

110

111

112

113

114

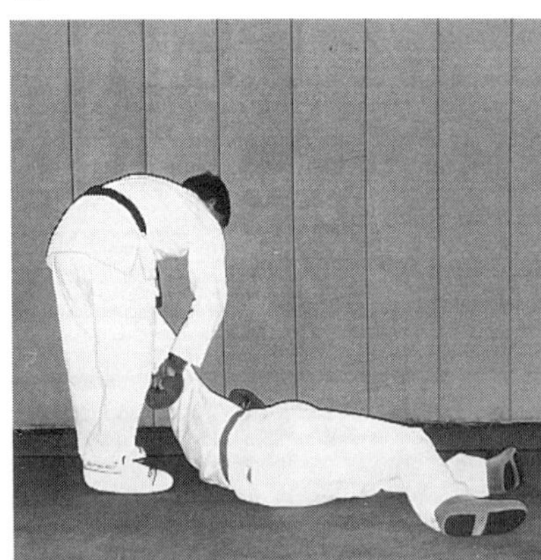

115

ners auftrifft. Beim weiteren Durchschwingen des Beins wird der Gegner kraftvoll ausgehoben und kann nach vorn abgeworfen werden.

Schulterwurf

Der Schulterwurf (Abb. 112 bis 115) ist eine einfache, aber sehr wirkungsvolle Kampftechnik. Die allgemeinen Regeln für Wurftechniken sind auch bei seiner Ausführung zu beachten. So muß man wie beim Hüftwurf versuchen, den Schwerpunkt des Gegners durch eine tiefe Hocke zu unterlaufen.

Als Variation läßt sich auch das vorher beschriebene Hüftfegen mit derselben Griffart wie der Schulterwurf durchführen. Eine weitere Wurftechnik, die zwar nicht direkt der Gruppe der Hüft- oder Schulterwürfe zugeordnet werden kann, aber mit diesen viele Ähnlichkeiten aufweist und einen hervorragenden Kampfwurf darstellt, ist der Körperwurf. Der Eingang und die Faßart entsprechen wahlweise dem Hüft- oder dem Schulterwurf. Abweichend von diesen wird jedoch das abgewinkelte Bein als Hindernis eng an die Unterschenkel des Gegners angelegt. Die Wurfausführung erfolgt dann durch kräftiges Gleichgewichtsbrechen am Arm des Gegners sowie durch ruckartiges Durchstrecken des Beines, wodurch dieser dynamisch ausgehoben und zu Boden geschleudert wird (Abb. 116 und 117).

Beinsicheln

Unter einer »Beinsichel« versteht man eine Technik, bei der man mit dem eigenen Bein ein oder beide Beine des Gegners mit Schwung einhakt und wegreißt (»sichelt«), wodurch dieser zu Fall kommt. Man unterscheidet hierbei die »großen Sicheln«, bei deren Ausführung das Sichelbein gemäß der natürlichen Bewegungsrichtung in einem großen Bogen nach hinten geführt wird, und die »kleinen Sicheln«, bei denen das sichelnde Bein vor dem eigenen Stand-

116

117

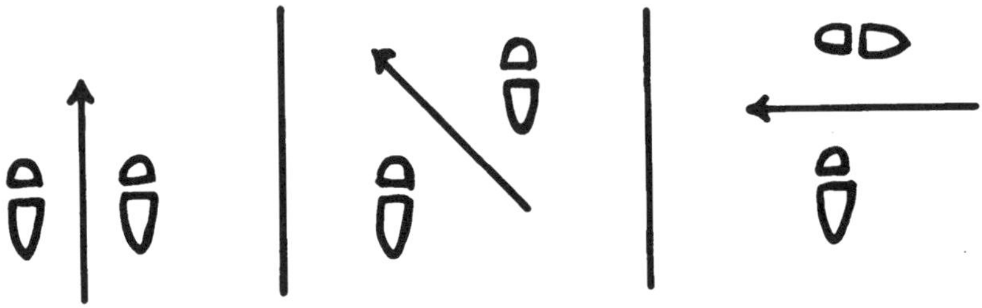

Der Pfeil gibt die Richtung des Gleichgewichtsbrechens an

a) Angreifer steht frontal zum Verteidiger.

b) Angreifer steht in Kampfstellung.

c) Angreifer steht auf einer Linie oder in seitlicher Kampfstellung.

118

bein vorbeigeführt wird und dadurch nur eine kleine, eher hakende Bewegung ausführt. Von entscheidender Bedeutung bei der Ausführung der Beinsicheln ist das Gleichgewichtsbrechen über die Rückseite des Gegners, je nach dessen Kampfstellung (Abb. 118).

Man muß dabei durch gezielten Zug am Arm auch zu erreichen versuchen, daß das zu sichelnde Bein des Gegners mit dem Großteil von dessen Körpergewicht belastet ist. Hierdurch wird vermieden, daß er aus der Technik heraussteigen kann, ohne sein Gleichgewicht noch mehr aufgeben zu müssen. Im freien Kampf geschieht es oft, daß man beim Gleichgewichtsbrechen seinen ganzen Körperschwung mit einsetzt und dadurch mit dem Gegner zu Boden geht, wo der Kampf als Bodenkampf weitergeführt werden kann.

119

120

121

122

Die häufigste Sicheltechnik ist die große Außensichel, bei der das Bein des Gegners an der Außenseite weggesichelt wird. Nachfolgend ist die Technik gegen den Angriff mit einem Faustschlag im Nahkampf dargestellt (Abb. 119 bis 122).

Zu beachten ist das weite Ausholen mit dem Bein und das hohe, kräftige Durchschwingen. Ein schwerer Fehler wäre es, das Bein hinter dem des Gegners abzustellen und diesen hierüber zu drücken.

Eine weitere große Beinsichel ist die große Innensichel, bei der man das Bein des Gegners an der Innenseite angreift. Besonders effektiv ist diese Technik dann anzuwenden, wenn man ein Bein des Angreifers nach einer Trittechnik gefangen hat (Abb. 123 bis 126) oder wenn dieser im Nahkampf sehr breitbeinig dasteht.

Beinsicheltechniken können selbstverständlich auch gegen beide Beine des Gegners gerichtet werden, wenn dieser eine sehr enge Fußstellung eingenommen hat (Abb. 127 und 128).

Die kleine Außensichel ist im Wettkampf besonders gut anzuwenden, wenn der Gegner im Nahkampf ein Bein in Schrittstellung vor dem anderen stehen hat. In der dargestellten Kampfsituation (Abb. 129 bis 132) führt der Angreifer einen starken umgekehrten Fauststoß mit einem Ausfallschritt aus, den der Verteidiger mit einem Unterarmblock nach außen abwehrt. Gleichzeitig greift er das vordere

123

124

125

126

127

128

129

130

131

132

133

134

Bein mit einer kleinen Außensichel an. Das Gleichgewicht bricht er mit einem Faustrückenschlag, der den Gegner nach hinten drückt.

Zu achten ist wiederum darauf, daß es sich bei der Bewegung des Beins um eine saubere, schwungvolle Sichelbewegung handelt, nicht um das Abstellen eines Hindernisses, über das der Gegner gedrückt wird. Auch die Nachfolgetechnik – im dargestellten Fall ein (ohne Kontakt ausgeführter!) Fußtritt zum Kopf – sollte niemals vergessen werden.

Eine häufig eingesetzte Konter- und Weiterführungstechnik ist die kleine Innensichel. Ihre Anwendung wird zum Beispiel im Kapitel »Weiterführungstechniken« (S. 141) als Fortsetzung eines mißlungenen Angriffs mit einem Schulterwurf behandelt.
In abgewandelter Form kann die kleine Innensichel auch so ausgeführt werden, daß man das zu sichelnde Bein mit beiden Händen fixiert und sich dann mit dem ganzen Körpergewicht derart gegen den Gegner wirft, daß er aus dem Gleichgewicht gerät und zu Fall kommt. Da man dabei in der Regel selbst mit zu Boden geht, stellt dies gleichzeitig einen guten Übergang zum Bodenkampf dar (Abb. 133 und 134).

Konterwürfe

Einen Wurf, durch den man einen gegen sich selbst gerichteten Angriff mit einer Wurftechnik abwehrt und dann seinerseits den Angreifer wirft, bezeichnet man als »Konterwurf«. So kommt es zum Beispiel oft vor, daß ein Angreifer eine Außensichel zu schwach ansetzt, der Verteidiger diese abblockt und unter Beibehaltung des gegnerischen Wurfansatzes diesen seinerseits mit einer großen Außensichel zu Fall bringt. Die große Außensichel wird in diesem Fall als Konterwurf gegen den Angriff mit einer großen Außensichel eingesetzt. Es gibt jedoch auch einige typische Konterwürfe, die nur als solche, kaum aber als eigenständige Angriffstechnik angewandt werden.

Einen derartigen Konterwurf stellt zum Beispiel der Talfallzug dar, bei dessen Ausführung der Gegner über ein dicht hinter seinen Beinen aufgestelltes Bein des Verteidigers gedrückt wird. In der abgebildeten Kampfsituation versucht der Angreifer, mit einer kleinen Innensichel zu werfen. Der Verteidiger hingegen, der einen sicheren Stand bewahren konnte, kontert mit einem Talfallzug (Abb. 135 bis 138).

135

136

137

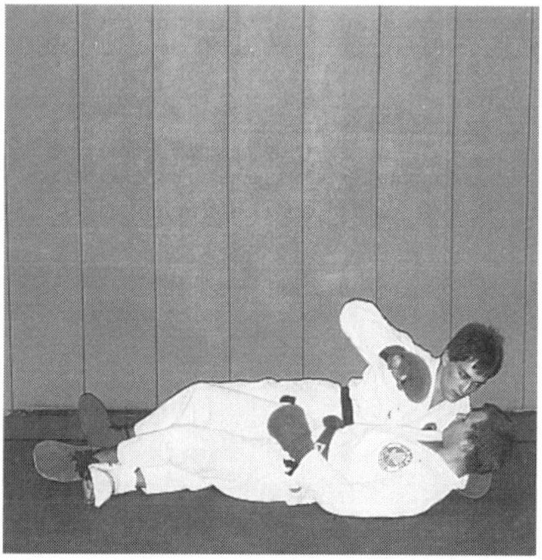

138

In der als nächstes dargestellten Situation hat der Angreifer einen Hüftwurf angesetzt, aus dem der Verteidiger jedoch heraussteigen konnte. Dieser kontert nun seinerseits mit einem sogenannten Ausheber (Abb. 139 bis 142). Da die reine Armkraft für diese Technik nicht ausreicht, ist darauf zu achten, daß man den Gegner fest an sich preßt und mit Beinen und Hüfte vom Boden weghebt.

Eine Abart des Aushebers ist der Schaufelwurf, eine Kontertechnik, bei der der schräg seitlich stehende Gegner an den Beinen ergriffen und in einer Schaufelbewegung nach hinten abgeworfen wird. Die abgebildete Kampfszene zeigt einen mißlungenen Hüftradansatz, aus dem der Verteidiger heraussteigen konnte. Da der Angreifer versucht, seinen Schwitzkasten beizubehalten, ergreift ihn der Verteidiger an den Beinen und führt einen Schaufelwurf sowie eine nachfolgende Fausttechnik aus (Abb. 143 bis 148).

139

140

141

142

143

144

145

146

147

148

Ein weiterer Konterwurf ist das Seitenrad, bei dem man den Schwung ausnutzt, den der Gegner hat, wenn er eine Wurftechnik nach vorn ansetzt. Wenn es dem Verteidiger gelingt, aus dem Wurfansatz herauszusteigen und unter den Schwerpunkt des Gegners zu gleiten, kann er dessen eigenen Schwung weiterleiten und ihn über sich hinwegrollen (Abb. 149 bis 152).

149

150

151

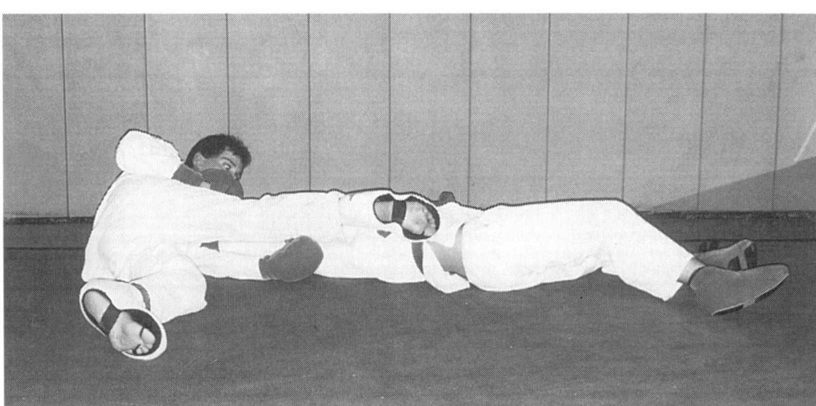

152

Weitere Kampfwürfe

Eine beliebte und oft mit Erfolg angewandte Wurfform ist die Doppelhandsichel. Die Abbildungen 153 bis 156 zeigen ihre Anwendung nach dem Abtauchen unter einen Faustschlag. Als Folgetechnik bietet sich – wie hier dargestellt – ein (kontaktloser!) Halbkreistritt zum Kopf an.

153

154

155

156

Der Scherenwurf ist zwar keine besonders häufig angewandte Technik, wurde jedoch bei den letzten Meisterschaften von einigen Kämpfern mit Erfolg praktiziert und soll daher an dieser Stelle kurz erläutert werden. Im nachfolgenden Beispiel veranlaßt der eine Kämpfer seinen Gegner durch einen Faustrückenschlag, seine Deckung zum Kopf hochzuziehen. Die nun ungedeckten Beine greift er sofort mit einem Scherenwurf an (Abb. 157 bis 160).

157

158

159

160

Eine Technik, die wegen ihrer häufigen Anwendung auf keinen Fall vergessen werden soll, ist der Fußfeger. Bei seiner Ausführung wird dem Gegner das Bein am Knöchel mit der Fußsohle weggeschlagen. Die Schwierigkeit liegt darin, den Gegner so aus dem Gleichgewicht zu bringen, daß er durch den Fußfeger zu Fall kommt. Dies kann zum Beispiel dadurch geschehen, daß man ihn am Arm oder Ärmel ergreift und in Richtung des weggefegten Beins zieht (Abb. 161 bis 164).

Oftmals zielt der Fußfeger aber auch nur darauf ab, den Gegner kurz aus dem Gleichgewicht zu bringen und ihn dadurch zu veranlassen, seine Deckung kurzzeitig aufzugeben. Diese Situation nutzt man dann zu der eigentlichen punktebringenden Folgetechnik aus. Ein Beispiel hierfür ist im Kapitel »Antäuschprinzip« (S. 101) abgebildet.

161

162

163

164

165

166

167

168

Eine Wurfgruppe, die besonders geeignet ist, einen heranstürmenden oder schiebenden Gegner abzuwehren, stellen die Selbstfaller dar. Hierbei gibt man dem Druck des Gegners nach und gleitet, indem man sich selbst in die Rückenlage begibt, unter dessen Schwerpunkt. Da nun plötzlich der Widerstand fehlt, verliert der Angreifer sein Gleichgewicht nach vorn und kann vom Verteidiger mit dem Bein über sich hinweggehoben und abgeworfen werden. Diese Technik wird als Kopfwurf bezeichnet (Abb. 165 bis 168).

Wenn man das Bein statt in der Leistengegend an der Innenseite des Oberschenkels des Gegners ansetzt und diesen mit Schwung seitlich über sich hinwegschleudert, spricht man vom »Ekkenwurf«.

Hebeltechniken

Hebeltechniken im Standkampf

Um einen Hebel im Standkampf ansetzen und vor allem erfolgreich beenden zu können, bedarf es stetiger Übung und vor allem einer gewissen Schnelligkeit. Beim Mißlingen der Technik ist die Gefahr sehr groß, daß der Gegner seinerseits mit Schlag- oder Trittechniken Punkte erzielt. Außerdem behindert die Schutzausrüstung trotz freiliegender Handfläche verhältnismäßig stark beim Zugreifen. Durch den integrierten Unterarmschutz wird es auch fast unmöglich, die klassischen Handgelenkshebel anzusetzen. Außerdem wären diese im freien Kampf zu gefährlich und somit unzulässig. Aus all diesen verschiedenen Gründen sind nur wenige Hebeltechniken beim Ju-Jutsu-Wettkampf im Stand wirklich praktikabel. Eine davon ist der Armstreckhebel zum Boden. Bei dieser Technik, die schmerzhaft auf das Schulter- und Ellenbogengelenk wirkt, ist es in der Regel nötig, eine Angriffsbewegung des Gegners auszunutzen, praktisch seinen eigenen Schwung weiterzuleiten und ihn hierdurch zu besiegen. Dies ist zum Beispiel möglich, wenn der Gegner mit einem Fauststoß angreift, der Verteidiger diesen abwehrt, das Handgelenk des Gegners ergreift und weiterleitet. Durch

Druck auf den Ellenbogen entsteht der Armstreckhebel, mit dem man den Angreifer zu Boden zwingen kann (Abb. 169 bis 172).

Wenn der Gegner bereits zugegriffen hat, um in den Nahkampf überzugehen, bietet sich auch der Körperstreckhebel als Abwehrtechnik an (Abb. 173 bis 176). Der Verteidiger klemmt bei dessen Ausführung den Oberarm des Gegners unter seine Achsel, was besonders schmerzhaft auf das Schultergelenk wirkt. Gleichzeitig wird durch diese Technik aber auch eine Hebelwirkung auf das Ellenbogengelenk des Angreifers erzielt. Da man bei der Ausführung des Körperstreckhebels

169

170

171

172

in der Regel mit zu Boden geht, stellt dieser gleichzeitig eine gute Übergangstechnik zum Bodenkampf dar.

173

174

175

176

177

Hebeltechniken, die unmittelbar auf das Knie wirken, sind beim Ju-Jutsu-Wettkampf wegen der mit ihnen verbundenen großen Verletzungsgefahr zwar verboten, trotzdem gibt es zwei erlaubte Abarten, bei denen das Ziel nicht die schmerzhafte Hebelwirkung ist, sondern darin besteht, den Gegner zu Boden zu bringen. Dies sind der Beindrehhebel nach einem abgefangenen Fußtritt (Abb. 177) und der Schulterbeinzug (Abb. 178), bei dem der Gegner durch Fixieren des Beins mit den Händen und durch Druck der Schulter gegen den Oberschenkel nach hinten abgeworfen wird. Da bei beiden Techniken eine Hebelwirkung im Knie erzielt wird, dürfen sie nicht ruckartig durchgezogen werden und müssen in der Bodenlage unverzüglich wieder gelöst werden. Ein Zuwiderhandeln kann mit einer Verwarnung, in einem schweren Fall sogar mit der Disqualifikation geahndet werden. Trotzdem sollten beide Techniken in das Repertoire eines guten Kämpfers gehören, da dieser in jeder Situation eine Verteidigungsmöglichkeit kennen muß. So ist die Anwendung des Schulterbeinzugs oftmals nötig, wenn man durch einen Angriff des Gegners in die Bodenlage gebracht wurde und hier weiter attackiert wird.

178

Hebeltechniken im Bodenkampf

Die eigentliche Bedeutung kommt den Hebeltechniken beim Kampf in der Bodenlage zu. Hier ist es oft beinahe unmöglich, einen Schlag oder Tritt anzubringen, der so zielgenau und dynamisch angedeutet wird, daß die Kampfrichter eine Wertung vergeben. Statt dessen sollte man versuchen, eine Hebel- oder Würgetechnik anzusetzen und den Gegner so zur Aufgabe zu zwingen. Ein allgemeingültiges Verfahren, wie Hebeltechniken in der Bodenlage anzusetzen sind, gibt es nicht, da hierbei die Situationen zu verschieden sind. Die Techniken ergeben sich vielmehr direkt aus dem Kampfgeschehen heraus, wenn es einem der Kämpfer gelingt, den anderen in einer gewünschten Lage zu fassen und den Arm entsprechend zu verdrehen oder zu strecken. Oftmals handelt es sich bei dem angesetzten Hebel nicht einmal um eine Grundtechnik, sondern um eine Mischform aus verschiedenen Hebeltechniken oder sogar um eine Art Eigen-

179

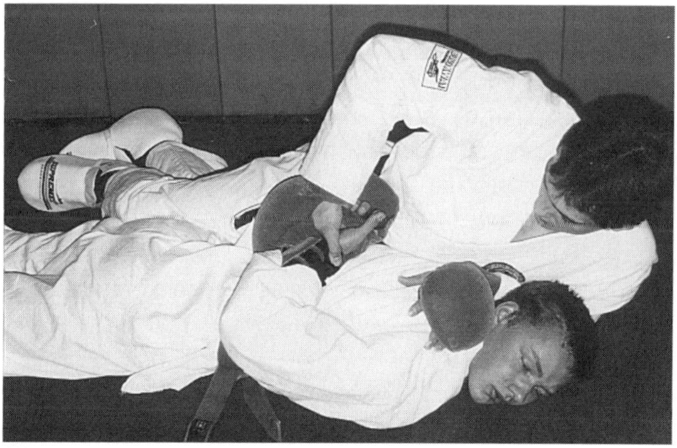

180

181

182

entwicklung. Entscheidend ist hier letztendlich nur der Erfolg.

Nachfolgend sind die gebräuchlichsten Hebeltechniken, die im Bodenkampf üblicherweise Anwendung finden, dargestellt. Die Abbildungen 179 und 180 zeigen zwei Formen des Armbeugehebels.

Zwei von unzähligen Arten, einen Armstreckhebel durchzuführen, sind in den Abbildungen 181 und 182 dargestellt. Hierbei ist auch an den im Kapitel »Hebeltechniken im Standkampf« (S. 78) erläuterten Körperstreckhebel zu denken, der seine eigentliche Wirkung erst in der Bodenlage entfaltet.

183

184

Zwei sehr bewährte, aus dem Judo stammende Kampftechniken sind der Seitstreckhebel (Abb. 183) und der artverwandte Kippstreckhebel (Abb. 184).

Würgetechniken

Allgemeines

Für Würgetechniken gilt sinngemäß das im vorangehenden Abschnitt Gesagte. Im Standkampf wird eine Würgetechnik nur selten zur Anwendung kommen – zum Beispiel, wenn man den Gegner mit einem Schwitzkasten in die Bodenlage bringt. Beim direkten Bodenkampf finden diese Techniken jedoch häufiger Anwendung. Man unterscheidet grundschulmäßig drei Formen von »Würgern«: das sogenannte freie Würgen mit dem Unterarm, das Würgen unter Zuhilfenahme der Kleidung des Gegners sowie das Würgen mit Einsatz der Beine. Aus jeder Gruppe werden nachfolgend einige Formen beispielhaft dargestellt. Im freien Kampf ist jedoch eine solche Vielzahl von Abarten und Kombinationen denkbar, daß jeder Ju-Jutsuka diese nur nach seinen eigenen Neigungen und Fähigkeiten auswählen und trainieren kann. Die aufgezeigten Möglichkeiten stellen lediglich Grundformen dar, aus denen man sich dann seine eigenen Variationen und Spezialtechniken zusammenstellen muß.

Das Üben der Würgetechniken sollte im gesamten Kampftraining nicht zu kurz kommen. Gerade im Bodenkampf, wenn effektive Schlagtechniken nicht mehr angebracht werden können, ist es möglich, durch einen Würger entscheidende Punkte zu erringen. Wenn man im Training jedoch niemals geübt hat, Würgetechniken trotz der hinderlichen Schutzausrüstung anzusetzen, dann wird dies auch im freien Kampf kaum gelingen.

185

186

Würgetechniken mit dem Unterarm (»Freies Würgen«)

Nachfolgend sind einige Würgetechniken mit dem Unterarm dargestellt, wie sie sich aus dem Kampfgeschehen heraus ergeben können. Zu beachten ist bei deren Ausführung, daß durch den alleinigen Griff am Hals des Gegners keine verbotene Genick-Hebeltechnik entsteht, die mit einer Verwarnung oder sogar mit der Disqualifikation geahndet werden würde (Abb. 185 bis 188).

187

188

189

190

Würgetechniken unter Zuhilfenahme der Kleidung des Gegners

Das sogenannte Kleiderwürgen stammt aus dem Judo und ist im klassischen Ju-Jutsu eigentlich nicht üblich, da man in der Selbstverteidigung nicht davon ausgehen kann, daß ein Gegner auf der Straße eine Jacke trägt, die hierfür stabil genug ist. Im Ju-Jutsu-Wettkampf sind diese Techniken trotzdem erlaubt und häufig auch erfolgreich. Die Schutzausrüstung kann zwar den Griffansatz behindern; daran kann man sich jedoch durch beständiges Üben gewöhnen. Jeder Kämpfer sollte im Training selbst ausprobieren, welche Würgetechnik er persönlich am leichtesten und wirkungsvollsten praktizieren kann.

Nachfolgend sind die zwei Grundformen des Kleiderwürgens – das alleinige Würgen mit dem Kragen des Ju-Jutsu-Anzugs (Abb. 189) und das kombinierte Würgen mit Kragen und Unterarm (Abb. 190) – grundschulmäßig dargestellt. Beide Formen können natürlich wieder aus den unterschiedlichsten Situationen heraus und in den verschiedensten Varianten ausgeführt werden.

Würgen mit Hilfe der Beine

Die einzige im Ju-Jutsu-Wettkampf praktizierbare Methode, den Gegner ausschließlich mit den Beinen zu würgen, stellt die Beinhalsschere dar, die in den Abbildungen 191 und 192 in zwei Varianten dargestellt ist. Zu beachten ist bei ihrer Ausführung, daß nur eine Würgetechnik und kein (verbotener!) Genickhebel entsteht.

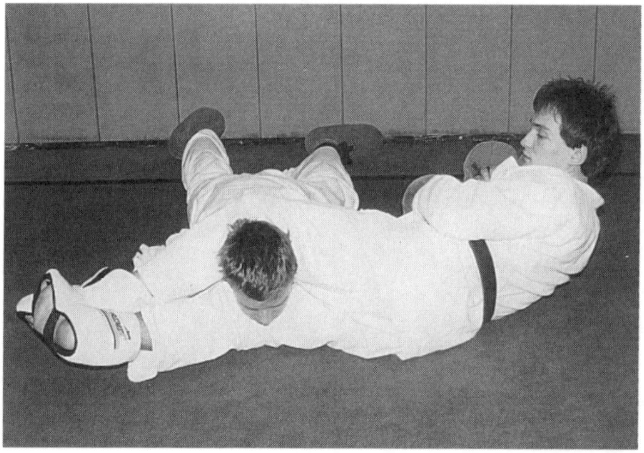

191

192

Häufiger als das reine Würgen mit den Beinen sind die Fälle, in denen der Gegner zwar mit Arm oder Kleidung gewürgt wird, die Beine aber zum Festlegen und Fixieren eingesetzt werden (Abb. 193 und 194).

193

194

Taktiken im Wettkampf

Das sichere Beherrschen der Grundtechniken ist unabdingbare Voraussetzung für die Teilnahme an einem Ju-Jutsu-Wettkampf, aber natürlich noch lange keine Garantie für den Sieg. Oftmals werden zwei technisch und konditionell annähernd gleichwertige Gegner aufeinandertreffen. Hierbei können reine Grundschultechniken kaum noch zum Erfolg führen. Vielmehr wird es den Kampf entscheiden, wenn ein Kämpfer es besser versteht, den Gegner durch geschickte Täuschungsmanöver und Bewegungsformen dazu zu bringen, die Deckung zu vernachlässigen oder seine Aufmerksamkeit vom eigentlichen Angriffsziel abzulenken. Auch wird natürlich jeder versuchen, dem Gegner denjenigen Kampfstil aufzudrängen, in dem man selbst seine Stärken hat – zum Beispiel den Schlagabtausch aus der Distanz, den Nahkampf mit Wurftechniken oder den Bodenkampf. Um das zu erreichen, ist es nötig, daß man einige Taktiken kennt und anwenden kann, die auf dieses Ziel hinführen. Die wichtigsten Kampftaktiken werden in diesem Kapitel in Form grundlegender Beispiele dargestellt. Selbstverständlich können und sollen sie – auf die persönlichen Bedürfnisse und Fähigkeiten jedes einzelnen Kämpfers zugeschnitten – weiterentwikkelt und beliebig ausgebaut werden, so daß sie schließlich den individuellen Kampfstil bilden. Der eigenen Phantasie sind hierbei keine Grenzen gesetzt.

Kampfszene

Angriffstaktiken

Der Ju-Jutsu-Wettkampf beginnt stets aus der Distanz. Beide Kämpfer versuchen zunächst, durch Faust- oder Fußtechniken Punkte zu erringen und sich gleichzeitig so an den Gegner heranzuarbeiten, daß sie zum Kontaktkampf (Greifen und Werfen) übergehen können. Da jedoch ein Gegner am Anfang eines Kampfs normalerweise eine sichere, undurchdringliche Deckung hat, ist es das erste Ziel, diese Deckung zu beseitigen oder wenigstens so weit zu öffnen, daß ein Schlag angebracht werden kann. Hierfür existieren eine Anzahl wettkampferprobter Methoden.

Antäuschprinzip

Grundgedanke des Antäuschprinzips ist es, daß man den Gegner durch einen angedeuteten Angriff gegen eine bestimmte Körperstelle dazu bringt, seine Deckung genau dorthin zu bewegen. Der eigentliche Angriff richtet sich dann gegen die Körperteile, die hierdurch kurzzeitig nicht mehr geschützt sind. Wichtig beim Antäuschprinzip ist daher, daß der angedeutete und der richtige Angriff sich gegen genau entgegengesetzt liegende Körperpartien richten. Zum Beispiel täuscht man einen Schlag zum Kopf an und schlägt dann den Folgeangriff zum Magen. Oder der angedeutete Angriff richtet sich gegen die rechte Körper- oder Kopfseite, die Nachfolgetechnik gegen die linke.

Aus dem Boxen stammen die nachfolgend dargestellten Schlagkombinationen mit einem Doppelfauststoß (Abb. 195 und 196) beziehungsweise einem Faustschlag mit nachfolgendem Fauststoß (Abb. 197 und 198). In beiden Fällen bringt der Angreifer seinen Gegner durch eine Fausttechnik zum Kopf dazu, die Deckung am Bauch zu vernachlässigen, um den Kopf zu schützen und den vermeintlichen Angriff abzuwehren. Diese Lücke wird sofort zu einem Fauststoß zum Magen ausgenutzt. Zu beachten ist, daß der Angreifer selbst während der Ausführung seiner Techniken eine gute Deckung beibehält, um einen eventuellen Konterschlag des Gegners abwehren zu können.

Selbstverständlich kann auch der Antäuschschlag zum Magen ausgeführt werden und der eigentliche Hauptangriff zum Kopf. Dies kann jeder Kämpfer je nach Neigung und Kampfsituation selbst entscheiden. So einfach, wie die Schlagkombinationen hier grundschulmäßig dargestellt sind, sind sie im freien Kampf natürlich nicht anzubringen. Einem halbwegs geübten Gegner sind solche Finten selbstverständlich auch bekannt, und er versteht es daher oft, sie abzuwehren. Aus diesem Grund ist es nötig, nicht nur einen Antäuschangriff durchzuführen, sondern vielmehr die Deckung des Gegners allmählich durch eine Vielzahl von Angriffen zu stören und letztendlich zu beseitigen. Auch die Täuschungsangriffe sollten dabei mit voller Konsequenz durchgeführt werden und die Deckung des Gegners berühren. Dies ruft in seinem Unterbewußtsein das Gefühl hervor,

195

196

197

198

er habe einen wirklichen Angriff durch seine gute Deckung abgefangen, was ihn in Sicherheit wiegen und leichtsinnig machen kann.

Die nächste Kampfsituation zeigt eine von den vielen möglichen Kombinationen zweier Faustschläge. Der erste Faustschlag – zum Kopf – veranlaßt den Gegner, die Arme zum Kopf zu ziehen und sich abzuducken. Sofort trifft ihn ein Faustschlag aufwärts (Abb. 199 bis 202).

Eine ebenfalls häufig angewandte Taktik besteht darin, den angetäuschten Angriff und den Hauptangriff mit demselben Arm auszuführen. Diese sogenannten Doppelschläge sind sehr schnell und daher nur schwer abzuwehren. Auch bei ihrer Ausführung ist natürlich wieder darauf zu achten, daß der erste und der zweite Angriff gegen entgegengesetzte Körperpartien gerichtet sind. Einfach zu erlernen sind dabei vor allem Kombinationen eines Faustoßes mit einem Faustschlag: zum Beispiel des geraden Faust-

199

200

201

202

stoßes zum Magen mit einem anschließenden Faustschlag zum Gesicht (Abb. 203 bis 206).

Weitaus schwieriger sind Doppelschläge anzubringen, wenn der Gegner den ersten Angriff tatsächlich abwehren konnte. Wenn es dem Angreifer in diesem Fall noch gelingt, umzuschalten und einen zweiten Angriff mit demselben Arm zu starten, hat er meistens das Überraschungsmoment auf seiner Seite und kann punkten. Ein Beispiel hierfür: Der Verteidiger wehrt einen Faustschlag zum Kopf ab. Der Angreifer, der dies erkennt, läßt den Schlagarm sofort sinken und führt mit ihm durch Drehung der Hüfte

203

204

205

206

und Schulter einen Faustrückenschlag aus, der den Gegner auf der anderen Kopfseite trifft (Abb. 207 bis 210).

Im zweiten Beispiel setzt der Angreifer ebenfalls einen Faustschlag zum Kopf an, den der Verteidiger diesmal durch Auspendeln ins Leere laufen läßt. Der Angreifer führt seinen Arm jedoch einfach bogenförmig weiter, zieht ihn dabei zur Hüfte zurück und stößt sofort, den Schwung der Bewegung ausnutzend, noch einmal zu. Diesmal mit einem geraden Fauststoß, auf den der Gegner nicht gefaßt ist und den er deshalb nicht abwehren kann (Abb. 211 bis 214).

207

208

209

210

211

212

213

214

215

216

217

218

219

220

In der letzten Kampfsituation kombiniert der Angreifer drei gerade Fauststöße mit demselben Arm. Der erste – zum Kopf – wird vom Verteidiger abgewehrt, der zweite trifft ohne große Wirkung zum Magen. Da dies für einen Punktgewinn noch nicht ausreichen würde, schlägt der Angreifer noch einmal zur mittleren Stufe nach, wodurch der Verteidiger die Deckung am Kopf vollständig vernachlässigt. Jetzt kann der Angreifer einen dynamischen und somit punktbringenden Faustschlag mit dem anderen Arm zum Kopf landen (Abb. 215 bis 220).

Man sieht, daß die Doppelschläge sehr vielseitig mit Erfolg eingesetzt werden können, um die Deckung des Gegners zu stören. Sie sind auch nicht so schwer zu erlernen, wie das auf den ersten Blick erscheint. Ihr Nachteil liegt jedoch darin, daß sie oft etwas kraftlos sind und daher nicht mit einem Punkt belohnt werden. Das Training dieser und selbstverständlich auch aller anderen Techniken ist daher stets durch spezielle Kräftigungsgymnastik und Sandsackübungen zu ergänzen.

Statt mit einer Fausttechnik kann ein Antäuschangriff auch mit einer Fußtechnik eingeleitet werden. Oftmals genügt es hierzu schon, ein Knie schnell hochzureißen und dem Gegner dadurch einen geplanten Fußstoß zu signalisieren. Dieser reagiert hierauf, indem er seinen Schwerpunkt nach hinten verlagert und die Deckung nach unten zieht. Jetzt setzt man sein Bein einfach in einem Ausfallschritt nach vorn ab und greift den ungedeckten Kopf des Gegners mit einer Fausttechnik an (Abb. 221 und 222).

221

222

Man kann natürlich auch eine richtige Fußtechnik – im hier gezeigten Beispiel einen Halbkreistritt zur mittleren Stufe – ausführen und die dadurch entstehende Deckungslücke für den Folgeangriff ausnützen (Abb. 223 und 224).

Die schwierigste Form der Realisierung des Antäuschprinzips sind Angriffskombinationen ausschließlich mit Fußtechniken. Sie erfordern ein beträchtliches Maß an Balance und technischem Können, das nur durch regelmäßiges intensives Training erreicht werden kann.

223

224

Wie schon bei den Mehrfachfauststößen, so kann man auch bei Trittkombinationen den Antäusch- und den Hauptangriff mit beiden Beinen oder in Form des Doppeltritts – mit einem Bein – ausführen. Entscheidend für den Erfolg ist wiederum, daß der erste Angriff den Gegner veranlaßt, seine Deckung so zu verändern, daß der Weg für den zweiten Angriff frei wird. So ist zum Beispiel auf den Fotos (Abb. 225 bis 228) zu sehen, wie ein Halbkreistritt zum Kopf mit einem Fußstoß rückwärts aus der Drehung kombiniert wird.

225

226

227

228

Eine sehr beliebte Trittkombination, die hier keinesfalls fehlen soll, ist der Fußtritt vorwärts, der – ohne das Bein abzusetzen – durch Eindrehen der Hüfte in einen Halbkreistritt umgewandelt wird (Abb. 229 bis 232). Dem starken Hüfteinsatz sowie der Drehung des Standbeins ist besondere Aufmerksamkeit zu schenken, da sie für die schnelle und kraftvolle Ausführung der Technik von entscheidender Bedeutung sind.

229

230

231

232

Statt mit einem Fußtritt vorwärts kann man diese Kombination auch mit einem Fußfeger einleiten, der den Gegner aus dem Gleichgewicht bringen sollte (Abb. 233 und 234). Als Folgetechnik bieten sich dann besonders der Fußstoß seitwärts (Abb. 235) und der Halbkreistritt zum Kopf an (Abb. 236).

233

234

235

236

Deckungswegschlagen

Eine weitere häufig praktizierte Taktik zur Beseitigung der gegnerischen Deckung besteht darin, diese direkt anzugreifen. Durch das Fassen und Herunterreißen des gegnerischen Arms kann man eine Deckungslücke schaffen und diese für einen nachfolgenden Angriff ausnutzen (Abb. 237 bis 240). Oftmals kann man dieses Ziel auch einfach durch einige gezielte Fausttechniken gegen die Deckung des Gegners erreichen.

237

238

239

240

Prinzip der ständigen Angriffsfolge

Aktive Kämpfer sollten stets versuchen, den Gegner in die Defensive zu drängen, ihm praktisch ihr eigenes Kampftempo aufzudrängen und ihn auf diese Weise zu kontrollieren. Dies geschieht am besten dadurch, daß man Angriff auf Angriff folgen läßt. Hierdurch hat der Gegner keine Zeit, sein eigenes Kampfkonzept durchzusetzen oder Konteraktionen durchzuführen. Durch die ständig aufeinanderfolgenden Aktionen wird sein Timing empfindlich gestört. Bei Anwendung dieser Taktik sollte der Angreifer stets darauf achten, daß er seine Techniken trotz der hohen Geschwindigkeit exakt und nicht zu hart ausführt, da sonst eine Verwarnung wegen unkontrollierten Schlagens droht. Außerdem ist die Deckung stets geschlossen zu halten, weil der bedrängte Verteidiger in der Regel versuchen wird, sich mit Konterschlägen wieder Luft zu schaffen.

Prinzip des veränderlichen Kampfstils

Eine letzte, in ihrer Wirkung nicht zu unterschätzende Angriffstaktik stellt das Kämpfen mit veränderlichem Kampfstil dar. Damit soll vermieden werden, daß man für den Gegner berechenbar wird, dieser sich auf den eigenen Kampfstil einstellt und besonders gut beherrschte Spezialtechniken schon nach kurzer Zeit erfolgreich abwehren kann. Dazu ist es nötig, daß man bereits im Training mehrere Kampfrichtungen erlernt und diese innerhalb eines Kampfs bei Bedarf wechselt. So ist es zum Beispiel denkbar, daß man zunächst sehr statisch, mit fester Kampfstellung und direkten Angriffen kämpft, plötzlich aber zu tänzeln beginnt und den Gegner mit angetäuschten Techniken und Schlagserien eindeckt. Oder man setzt zuerst nur die Fäuste ein und greift dann plötzlich, wenn es der Gegner nicht mehr erwartet, mit den Füßen an. Auch zwischen Distanz- und Nahkampf sollte öfters gewechselt werden. Hierbei kann jeder Kämpfer seine Spezialtechniken und Taktiken in einem persönlichen Kampfstil vereinigen, der möglichst vielseitig sein sollte. Im Kampf ist es jedoch empfehlenswert, nur solche Kampfformen und Techniken zu praktizieren, die man bereits sicher beherrscht. Ein wegen mangelnder Sicherheit halbherzig ausgeführter Angriff eröffnet dem Gegner alle Möglichkeiten zu einer erfolgreichen Abwehr und zu vernichtenden Konteraktionen.

Kontertaktiken

Vielen Kämpfern liegt es nicht besonders, aktiv zu kämpfen und selbst entscheidende Angriffe zu starten. Sie warten lieber passiv ab, bis der Gegner angreift, um ihn abzufangen und mit gezielten Kontertechniken zu punkten. Dies widerspricht zwar dem Ju-Jutsu-Prinzip »Angriff ist die beste Verteidigung«, kann aber bei geschickten Kämpfern mit gutem Timing durchaus Erfolg bringen. Zwei effektive Taktiken für Konterkämpfer werden im folgenden erläutert.

Taktik des Anbietens von Deckungslücken

Den Angriff des Gegners abzuwarten, um ihn dann zu kontern, birgt ein großes Risiko in sich: Der Angriff kann so schnell und unerwartet kommen, daß man ihn nicht mehr effektiv abwehren kann. Außerdem kann er durch eine Antäuschtechnik eingeleitet werden, wodurch man eventuell falsch reagiert. Um dies von vornherein auszuschließen, wäre es vorteilhaft, zu wissen oder wenigstens zu ahnen, wohin der Gegner schlagen oder treten will. Wie läßt sich nun der Angreifer zu einer vom Konterkämpfer gewünschten Aktion verleiten? Dabei hat sich folgende Taktik im Kampf besonders gut bewährt. Man läßt in seiner Deckung eine Lücke und provoziert den Gegner hierdurch dazu, genau diese Lücke für einen Angriff auszunutzen. Da man diesen jetzt bereits erwartet, bereiten die Abwehr und die anschließende punktebringende Kontertechnik keine allzu großen Schwierigkeiten mehr. Man muß jedoch sehr vorsichtig sein, damit ein guter Gegner die Deckungslücke nicht wirklich nutzen kann. Außerdem darf diese nicht zu auffällig angeboten werden, da der Gegner sonst die Taktik durchschaut und völlig anders reagiert als erwartet.
In der Praxis sieht das Anbieten von Dekkungslücken beispielsweise folgendermaßen aus:
Man streckt in der Kampfstellung die Ellenbogen leicht vom Körper ab und läßt dadurch die mittlere Stufe ohne ausreichenden Schutz (Abb. 241), oder man läßt die Arme etwas zu weit herunterhängen und gibt auf diese Weise dem Kopf eine Blöße (Abb. 242).

Eine weitere beliebte Methode besteht darin, ein Bein weit nach vorn zu stellen, aber praktisch völlig zu entlasten. Wenn der Angreifer nun versucht, das vermeintlich schwache Ziel mit einem Fußfeger anzugreifen, kann man dieses schnell wegziehen, wodurch der Angreifer eventuell selbst aus dem Gleichgewicht gerät (Abb. 243 und 244). Außerdem kann das entlastete Bein sofort für eine Fußtechnik – zum Beispiel für einen Fußtritt vorwärts oder ebenfalls für einen Fußfeger (Abb. 245 und 246) – genutzt werden.

241

242

243

244

245

246

247

248

249

250

Taktik des Auflaufenlassens des Gegners

Diese Kontertaktik erfordert ein hervorragendes Timing. Man wartet ab, bis der Gegner einen Angriff ansetzt oder sich in sonst einer Weise annähert, und startet im gleichen Moment einen Gegenangriff. Dieser muß so schnell und zielgenau erfolgen, daß man dem Gegner zuvorkommt und dieser voll auf den Angriff aufläuft. Die Gefahr, daß man den Angriff des Gegners nicht rechtzeitig erkennt und dadurch selbst getroffen wird, ist natürlich verhältnismäßig groß. Man sollte daher besonders auf eine geschlossene Deckung achten, um beim Mißlingen der Kontertechnik einen Gegentreffer zu vermeiden. Trotz des hohen Schwierigkeitsgrads dieser Taktik kann man ihren erfolgreichen Einsatz bei guten Kämpfern immer wieder beobachten. Voraussetzung hierfür ist eine gewisse Kampferfahrung sowie die Beachtung der im Kapitel

»Timing« (S. 27) beschriebenen Grundsätze.

Zwei typische Beispiele für die Taktik, den Gegner auflaufen zu lassen, sind der Stoptritt, bei dessen Ausführung man einen angreifenden Gegner durch eine ansatzlose Fußtechnik mit dem entlasteten vorderen Bein abfängt (Abb. 247 und 248), sowie der sogenannte Cross-Schlag aus dem Boxen. Dieser basiert darauf, daß man einen mit einer geraden Fausttechnik angreifenden Gegner durch seitliches Auspendeln ins Leere schlagen läßt und ihn gleichzeitig unter Umgehung seines angreifenden Arms mit einem Faustschlag zum Kopf oder Magen trifft. Das Ausweichen ist hierbei nach innen (Abb. 249) oder nach außen (Abb. 250) möglich.

Die bisher beschriebenen Kontertaktiken gehen davon aus, daß man als passiver Kämpfer ganz bewußt darauf abzielt, vom Gegner angegriffen zu werden, um dann seine Überlegenheit mit Kontertechniken auszuspielen. Weitaus häufiger sind jedoch die Situationen, in denen sich einfach aus dem Kampfgeschehen heraus die Notwendigkeit ergibt, einen Angriff – gleich, ob Schlag, Tritt, Wurf, Hebel oder Würger – abzuwehren und eine Kontertechnik anzusetzen.

Eine Auswahl von möglichen Beispielen findet sich in den Kapiteln »Grundschultechniken« und »Gegentechniken« (S. 124).

Übergang zum Kontaktkampf

Von »Kontaktkampf« spricht man im Ju-Jutsu, wenn die Gegner sich nach einem anfänglichen Schlagabtausch so nahe gekommen sind, daß einer von ihnen oder auch alle beide versuchen, einander zu greifen, zu umklammern und durch einen Wurf, Hebel oder Würger Punkte zu erzielen. Es handelt sich hierbei also um eine Art des Nahkampfs, in dem Schlag- und Trittechniken nur eine untergeordnete Rolle spielen. Der Übergang zum Kontaktkampf ist nicht so einfach, wie er auf den ersten Blick erscheinen mag. Wenn man nicht schnell genug zufaßt und den Gegner nicht sofort unter Kontrolle bekommt, besteht die Gefahr, daß er seinerseits durch Schlagtechniken Punkte erzielen kann. Es gibt daher eine Anzahl von Taktiken, die man kennen und anwenden können sollte, um das Ziel, in den Kontaktkampf zu gelangen, möglichst gefahrlos zu erreichen. In den folgenden Abschnitten werden die grundlegenden Methoden anhand von Beispielen erläutert.

Übergang zum Kontakt nach einem Angriff des Gegners

Die passive Methode, Körperkontakt mit dem Gegner zu bekommen, besteht darin, daß man nach einer gelungenen Abwehrtechnik den abgeblockten Arm beziehungsweise das Bein ergreift und eine Wurf- oder Hebeltechnik ansetzt. Mehrere Beispiele hierfür wurden bereits in den Kapiteln »Wurftechniken« (S. 59) und »Hebeltechniken im Standkampf« (S. 77) gegeben. Eine weitere Bildserie soll nun aufzeigen, daß man sich beim Ju-Jutsu-Wettkampf ganz von dem Gedanken befreien muß, daß nur grundschulmäßige Techniken zum Ziel führen könnten. In der dargestellten Kampfsituation ist der Verteidiger vor einem geraden Fauststoß des Angreifers nach außen ausgewichen. Er ergreift den abgeblockten Arm, punktet mit einem Fauststoß zum Kopf des Angreifers und schleudert diesen dann mit einer abgewandelten Form des Hüftrads zu Boden (Abb. 251 bis 254).

Obwohl der im Weg befindliche Arm des Angreifers ein grundschulmäßiges Hüftrad unmöglich macht, hat es der Verteidiger doch verstanden, seinen Spezialwurf in einer abgewandelten Form anzusetzen und damit die möglichen vollen drei Punkte zu erzielen.
Die Methode, den Angriff des Gegners zum Übergang in den Kontaktkampf zu nutzen, überläßt es mehr oder weniger dem Zufall, ob und wann man zu dieser Kampfart übergeht. Viele Ju-Jutsuka bevorzugen jedoch den Nahkampf gegenüber dem Schlagabtausch aus der Distanz, da ihre Stärke im Einsatz von Wurf-, Hebel- oder Würgetechniken liegt. Ihr Ziel wird es daher sein, den Gegner möglichst schnell zu fassen zu bekommen. Auch für diesen aktiven Übergang zum Kontakt existieren im Ju-Jutsu-Kampf einige Taktiken.

251

252

253

254

Übergang zum Kontakt nach einem eigenen Angriff

Bei dieser Taktik versucht man, sich dem Gegner durch Schlag- oder Trittechniken so weit zu nähern, daß man ihn anschließend greifen kann. Meistens jedoch wird sich der Gegner in dieser Situation in der Deckung verschanzen, da er sich in die Enge getrieben fühlt. Eine grundschulmäßige Wurftechnik ist in diesem Fall kaum noch möglich. Auch hier sollte man – wie bereits im vorhergehenden Kapitel beschrieben – versuchen, mit einer abgewandelten Form der Wurftechnik zum Ziel zu gelangen. Man muß sich immer wieder vor Augen führen, daß in der reinen Selbstverteidigung auf der Straße und in gewisser Weise auch im Wettkampf nicht die makellose technische Ausführung einer Technik zählt, sondern vielmehr ihre Wirksamkeit und der damit erzielte Erfolg. So nutzt es der Angreifer im ersten der hier gegebenen Beispiele aus, daß sich sein Gegner vor einer Schlagkombination abgedreht und in der

Deckung verschanzt hat, und wirft ihn mit einer von hinten angesetzten Doppelhandsichel (Abb. 255 bis 258).

Auch in der zweiten Kampfsituation hat sich der Gegner so »eingeigelt«, daß eine grundschulmäßige Technik nicht mehr möglich ist. Der Angreifer vermag trotzdem eine Außensichel erfolgreich anzusetzen, indem er das nötige Gleichgewichtsbrechen nicht am Arm, sondern ausschließlich an Schulter und Hals des Gegners durchführt (Abb. 259 bis 262).

255

256

257

258

259

260

261

262

Direkter Übergang zum Kontakt

Die dritte Methode des Übergangs zum Kontaktkampf besteht darin, daß man direkt versucht, den Gegner ohne vorhergehende Angriffe oder Täuschungsmanöver zu fassen. Dies geschieht in der Regel dadurch, daß man einen Arm oder – durch Unterlaufen der Deckung – ein oder beide Beine ergreift und sofort einen Hebel oder eine Wurftechnik ansetzt. Beide Varianten erfordern große Schnelligkeit und Sicherheit, da der kleinste Fehler dem Gegner alle Möglichkeiten zu einer erfolgversprechenden Kontertechnik eröffnet.

Anhand von zwei typischen Beispielen soll das Grundprinzip dieser Taktik näher erläutert werden.

Im ersten Fall macht der Angreifer einen Ausfallschritt vorwärts, ergreift unmittelbar den Arm seines Gegners, zieht diesen zu sich heran und punktet mit einem Fauststoß. Dem Zug des Verteidigers, der seinen Arm zurückzureißen versucht, gibt er nach und setzt eine kleine Außen-

263

264

265

266

sichel an (Abb. 263 bis 266). Der direkte Übergang zum Kontaktkampf ist gelungen.

Der zweite Angriff richtet sich gegen die Beine des Gegners. Der Angreifer unterläuft dessen Deckung, ergreift ein Bein und reißt dieses nach oben. Indem er mit der Schulter gleichzeitig einen Druck gegen Oberschenkel und Hüfte des Gegners ausübt, bringt er diesen zu Fall (Abb. 267 bis 270).

267

268

269

270

Sollte diese Technik mißlingen, weil der Verteidiger durch Absenken seines Schwerpunkts und Umklammern des Angreifers sein Gleichgewicht behalten hat, kann man seine Taktik ändern und das gegnerische Standbein mit einer Fußfege- oder Sicheltechnik angreifen (Abb. 271 bis 274). Dies stellt eine sogenannte Weiterführungstechnik dar, die später noch genauer erläutert wird.

Lösen aus dem Kontaktkampf

Ebenso wichtig wie der Übergang zum Kontakt ist auch das Lösen hieraus, wenn man erkennt, daß der Gegner in dieser Kampfart überlegen ist und man keine Punkte mehr erzielen kann. Die große Gefahr besteht darin, daß der Gegner das Zurückweichen zu einem Angriff ausnutzt, den man aufgrund mangelnder Deckung und schlechten Gleichgewichts nicht erfolgreich blockieren kann.

271

272

273

274

Eine Grundregel besagt daher, daß man stets selbst die Initiative ergreifen und den Gegner »beschäftigen« muß, wenn man sich von ihm löst. Dies geschieht am effektivsten dadurch, daß man ihn durch schnelle Schlagkombinationen auf Brust, Bauch, Rücken oder Arme ablenkt. Sogar kurze Nahkampftritte haben sich gut bewährt (Abb. 275 und 276). In einem günstigen Moment reißt man sich dann los und drückt den Gegner durch lange Fauststöße oder auch mit der offenen Hand von sich weg (Abb. 277 und 278). Da er hierbei oftmals aus dem Gleichgewicht gebracht wird, sollte man seine momentane Position sofort zu einem neuen Angriff nutzen und ihm nicht die Initiative zum nächsten Angriff überlassen.

275

276

277

278

Bodenkampf

Übergang zum Boden

Zum Kampf in der Bodenlage kommt es in der Regel dadurch, daß ein Kämpfer seinen Gegner wirft und ihm zu Boden folgt, um dort eine Nachfolgetechnik anzusetzen. Die andere Möglichkeit besteht darin, daß der Geworfene sich am Werfenden festklammert und ihn mit zu Boden zieht. Ein »klassisches« Beispiel für den ersten Fall, welches man bei Meisterschaften öfters beobachten kann, ist der sofortige Übergang zum Seitstreckhebel nach einer Wurftechnik (Abb. 279 bis 282).

279

280

281

282

Eine weitere Möglichkeit, in den Bodenkampf zu gelangen, besteht darin, bei Ausführung einer Technik gleich mit dem Gegner zu Boden zu gehen. Als Wurftechnik bietet sich hierfür der Außendrehwurf an (Abb. 283 bis 286).

Dieser direkte Übergang ist natürlich auch bei Ausführung einer Hebeltechnik zum Beispiel des Körperstreckhebels möglich, wie bereits im Kapitel »Hebeltechniken im Standkampf« (S.79) gezeigt wurde. Dabei ist es besonders vorteilhaft, daß man den Gegner in der Bauchlage fixieren kann und dieser somit keine Möglichkeit zur Gegenwehr hat.

283

284

285

286

Taktiken beim Bodenkampf

Die am häufigsten in der Bodenlage praktizierten Hebel- und Würgetechniken wurden bereits in den entsprechenden Kapiteln grundschulmäßig beschrieben. Daneben hat man natürlich auch die Möglichkeit, durch Schläge oder Tritte Punkte zu sammeln. Zu beachten ist hierbei, daß diese Techniken nur ohne Kontakt ausgeführt werden dürfen, da sie sonst eine Verwarnung oder sogar die Disqualifikation zur Folge haben.

Weitaus schwieriger als das Anbringen von Grundtechniken ist es jedoch, zu verhindern, daß der Gegner seinerseits mit einer Technik – insbesondere einem Schlag – punktet. Hierbei erweisen sich die aus dem Judo stammenden, für den Ju-Jutsu-Kampf in abgewandelter Form angewandten Festhaltetechniken als nützlich. Diese beruhen auf dem Prinzip, daß man den Gegner mit dem Körpergewicht so am Boden fixiert, daß er sich nicht mehr durch Herauswinden und Aufstehen befreien kann. Ob dies in Bauch- oder Rückenlage des Gegners erfolgt, spielt im Ju-Jutsu keine Rolle. Zu beachten ist, daß man beide Arme des Gegners zur Vermeidung von Konterschlägen unter Kontrolle bringt. Außerdem führt – im Gegensatz zum Judo – das reine Festhalten noch nicht zu Punkten, so daß man stets versuchen muß, die hilflose Lage des Gegners zu einer Folgetechnik – egal, ob Schlag, Hebel oder Würger – auszunutzen. Im folgenden werden einige Beispiele für Festhaltetechniken und damit kombinierte punktbringende Techniken gegeben.

Das erste Beispiel zeigt den Ausführenden neben dem Festgelegten sitzend. Der linke Arm wird direkt durch Greifen unter Kontrolle gehalten, der rechte durch Überstrecken mit dem Bein gehebelt. Um zu verhindern, daß sich der Gegner aufrichtet, belastet der Angreifer dessen Oberkörper durch leichtes Zurücklehnen mit seinem ganzen Körpergewicht (Abb. 287).

287

Beim zweiten Beispiel liegt der Ausführende quer auf dem Verteidiger und hebelt ihn mit einem Armbeugehebel (Abb. 288).

Nachfolgend sind zwei Würgetechniken dargestellt, einmal aus der Bauchlage des Gegners heraus (Abb. 289) und zum anderen aus der Rückenlage (Abb. 290).

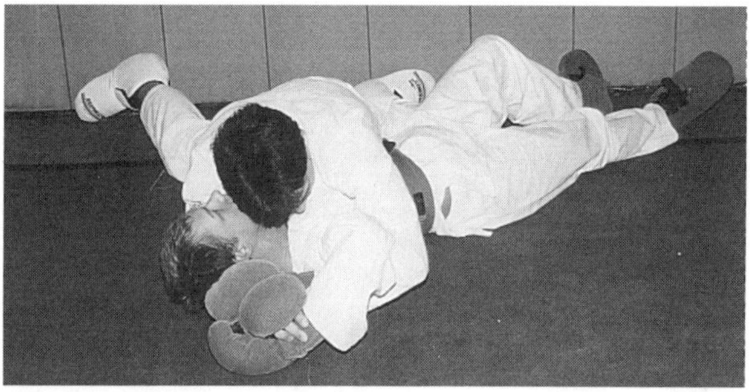

288

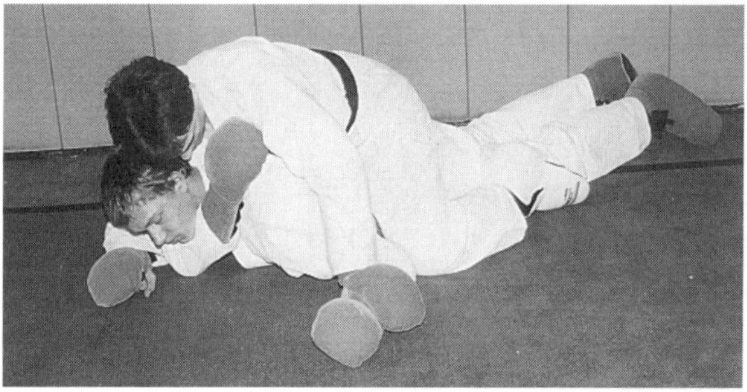

289

290

Bei ihrer Ausführung ist zu beachten, daß die Arme des Gegners durch den Festhalter oftmals nicht vollständig unter Kontrolle sind, so daß die Gefahr besteht, daß er versucht, sich durch Schlagtechniken zu befreien. Der Würger muß daher so schnell wirken, daß dem Gegner keine Gegenwehr mehr möglich ist, und ihn so zur Aufgabe zwingen.

Befreiung aus Festhaltetechniken

Um sich aus einem sogenannten Festhalter zu befreien, hat man mehrere Möglichkeiten.

Zum einen kann man bereits, bevor der Gegner richtig zugefaßt hat, versuchen, sich loszureißen und eine gedeckte Verteidigungslage einzunehmen, um dem Gegner möglichst wenig Angriffsfläche zu bieten. Sobald sich die Möglichkeit ergibt, rollt man sich vom Angreifer weg

291

292

und steht auf. Zumindest aber sollte man ihn mit Schlägen und Tritten auf Distanz halten.

Andererseits kann man aber auch einen Gegner, der bereits fest zugegriffen hat, mit Geschick und hohem Krafteinsatz abrollen oder abwerfen.

Zum Abschluß dieses Kapitels werden noch zwei Bodenkampfbeispiele gezeigt, in denen sich der Verteidiger aus einer Festhaltetechnik befreit und dann seinerseits eine Kontertechnik erfolgreich anwendet. Im ersten Fall fixiert der Angreifer den Verteidiger mit einer Kleiderwürgetechnik und wird mit einem Kippstreckhebel abgewehrt (Abb. 291 bis 294).

293

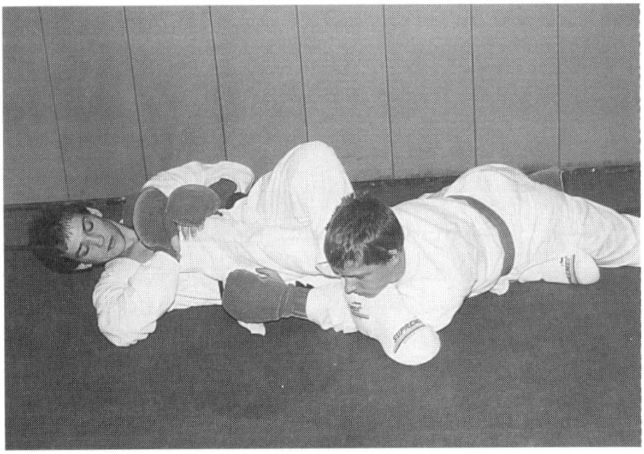

294

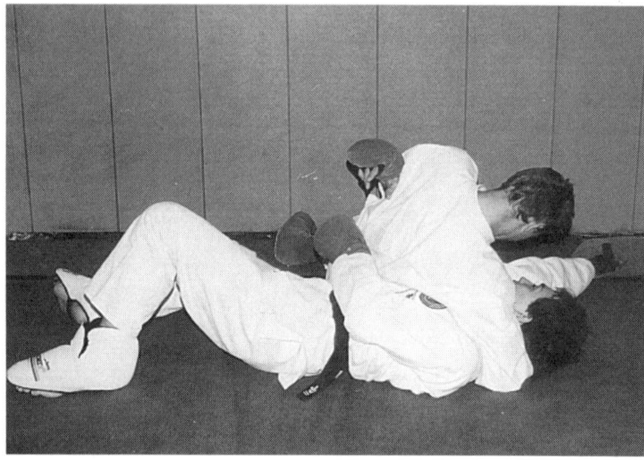

295

296

Im zweiten Beispiel befreit sich der Verteidiger durch eine Kopfbrücke und durch das Überrollen des Gegners aus einem seitlichen Festhalter. Seinen Kopf bringt er zum Schutz vor Schlägen dicht neben den des Gegners und zwingt diesen durch eine sofort angesetzte Würgetechnik zur Aufgabe (Abb. 295 bis 298).

297

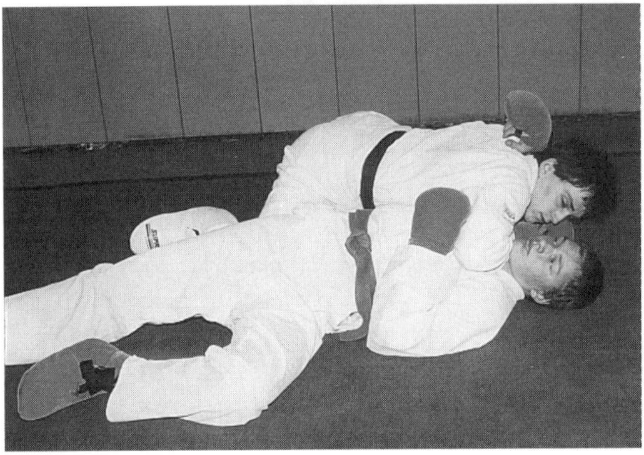
298

Gegentechniken

»Gegentechniken« sind keine weiteren Grundtechniken im Ju-Jutsu-Wettkampf. Unter ihnen versteht man vielmehr Kontertechniken gegen Angriffe mit Wurf-, Hebel- und Würgetechniken aus dem Ju-Jutsu oder artverwandten Kampfsportarten. Der Begriff der Gegentechnik wurde im traditionellen Ju-Jutsu geprägt, um den Unterschied zwischen der Abwehr des Angriffs eines Laien und den eines ausgebildeten Kampfsportlers deutlich zu machen. Im folgenden Kapitel werden also Abwehrmethoden gegen grundschulmäßige Würfe, Hebel und Würger erläutert. Der Schwerpunkt wird hierbei vor allem auf die Grundprinzipien gelegt, da ein reines Aufzeigen von Gegentechniken wegen der großen Vielzahl denkbarer Kampfsituationen den Rahmen dieses Buchs bei weitem sprengen würde.

Techniken gegen Wurftechniken

Blockieren von Wurftechniken

Die am häufigsten angewandte und relativ einfachste Methode, den Angriff mit einer Wurftechnik abzuwehren, ist das sogenannte Blockieren. Hierbei versucht man, in dem Moment, in dem der Gegner den Wurf ansetzt, den eigenen Schwerpunkt abzusenken, indem man leicht in die Hocke geht. Das Ausheben und Gleichgewichtsbrechen wird hierdurch erheblich erschwert. Gleichzeitig setzt man sein Körpergewicht gegen den Gegner ein, macht sich praktisch schwer und übt einen Gegenzug zu dessen Wurfrichtung aus. Dieses Blockieren muß jedoch so kontrolliert ausgeführt werden, daß man sofort wieder einen festen Stand hat, wenn der Gegner seine Aktion abbricht. Sonst kann es passieren, daß man zwar den ersten Wurf im Ansatz verhindert, anschließend aber durch eine der im nächsten Kapitel (S. 135) beschriebenen Weiterführungstechniken doch noch besiegt wird. Die eigentliche Gegentechnik besteht jedoch nicht nur aus dem reinen Blockieren des gegnerischen Wurfansatzes. Vielmehr muß man die momentan schwache Position des Gegners sofort zu einer punktbringenden Nachfolgetechnik ausnutzen. Nachfolgend sind einige besonders häufig vorkommende Kampfsituationen dargestellt, in denen Gegentechniken zur Anwendung kommen können.
Im ersten Beispiel hat der Verteidiger den Schulterwurfansatz des Angreifers erfolgreich blockiert und kontert sogleich, als er ein Nachlassen des Zugs nach vorn spürt, mit einem Talfallzug (Abb. 299

bis 302). Auf die Nachfolgetechnik – hier ein Fauststoß – sei noch einmal besonders hingewiesen, da man jede Situation ausnutzen muß, um seinen Punktvorsprung auszubauen.

Eine ebenfalls häufig angewandte Gegentechnik besteht darin, daß man eine zu schwach angesetzte Außensichel durch Absenken der Hüfte und starkes Belasten des zu sichelnden Beines ab-

299

300

301

302

blockt und den Gegner bei nachlassendem Zug seinerseits mit einer Außensichel wirft (Abb. 303 bis 306).

Das dritte Beispiel zeigt eine weitere wirkungsvolle Methode, einen gegnerischen Wurf bereits im Ansatz zu blockieren. Der Verteidiger senkt dabei seine Hüfte nicht so stark ab, sondern verdreht sie in der Weise, daß es dem Angreifer nicht mehr gelingt, seinen Wurf – hier ein Hüftrad – zu vollenden (Abb. 307 und 308). Aufgrund der Position zum Gegner bieten sich nun zunächst einmal Fausttechniken zum Hinterkopf und zur Schläfe an (Abb. 309). Auch ein Rückriß – eine Technik, bei der man den Gegner an den Schultern oder am Kopf ergreift und nach hinten zuBoden zieht – wäre in dieser Situation denkbar. Hierbei muß man genau den Moment abwarten, in dem der Gegner seinen Griff lockert, weil er erkennt, daß sein Wurfansatz nicht mehr erfolgversprechend ist (Abb. 310 bis 312).

303

304

305

306

307

308

309

310

311

312

Heraussteigen aus einer Wurftechnik

Ein geschickter Kämpfer mit guter Koordination und exaktem Timing hat neben dem Blockieren auch noch die Möglichkeit, einen Wurfansatz durch Heraussteigen abzuwehren. Dies geschieht dadurch, daß man der Richtung des gegnerischen Gleichgewichtsbrechens nachgibt, dieser Bewegung folgt, den Gegner mit seinem eigenen Schwung weiterleitet und seinerseits eine Wurftechnik ansetzt.

In der ersten dargestellten Kampfsituation versucht der Angreifer, einen Hüftwurf auszuführen. Der Verteidiger vereitelt dies jedoch, indem er dem Zug am Arm folgt und nach vorn über das Bein des Gegners aus der Technik heraussteigt. Den dabei entstehenden kreisförmigen Schwung leitet der Verteidiger nun weiter und wirft den Angreifer mit einer kleinen Außensichel (Abb. 313 bis 316).

313

314

315

316

In dieser Situation hätte sich selbstverständlich auch das Seitenrad angeboten, das im Kapitel »Konterwürfe« (S. 68) behandelt wurde.

Wenn das Gleichgewichtsbrechen gerade nach vorn erfolgt, kann das Heraussteigen auch auf der anderen Seite des Gegners durchgeführt werden. In unserem Beispiel wendet der Verteidiger diese Taktik gegen einen Schulterwurfansatz an und versucht sofort, den Angreifer durch eine Würgetechnik zur Aufgabe zu zwingen. Um Konteraktionen und Befreiungsversuche zu vermeiden, zieht er den Gegner unter Beibehaltung des Griffs in die Bodenlage, wo ein Übergang zum Bodenkampf möglich ist (Abb. 317 bis 320).

317

318

319

320

Das Heraussteigen aus einer großen Außensichel ist besonders dann gut realisierbar, wenn der Gegner bei der Wurfausführung das Gleichgewicht nicht gut genug nach hinten bricht und das zu sichelnde Bein zuwenig belastet. Da er in dieser Situation einen gewissen Schwung nach vorn erhält, bietet es sich an, einen Wurf in diese Richtung auszuführen. In den Abbildungen 321 bis 324 geschieht dies durch einen Hüftfeger.

Eine kampfbewährte Selbstfalltechnik, bei der man den Gegner am Genick ergreift und seinen eigenen Schwung ausnutzend über sich hinweg zu Boden zieht, ist in den Abbildungen 325 bis 330 dargestellt.

Weitere Beispiele für Gegentechniken gegen Würfe können dem Kapitel »Konterwürfe« (S. 68) entnommen werden.

321

322

323

324

325

326

327

328

329

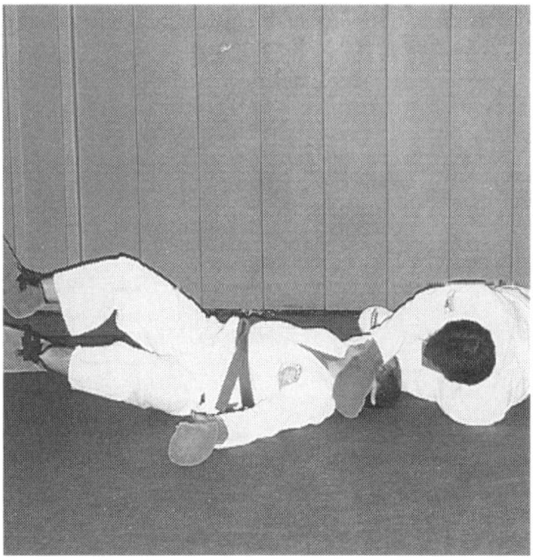
330

Techniken gegen Hebeltechniken

Die Frage, wie man sich aus einer Hebeltechnik zu befreien hat, kann nicht generell beantwortet werden. Hierbei spielen vor allem persönliche Faktoren wie Gelenkigkeit, Kraft und Widerstandsfähigkeit der Gelenke eine Rolle. Wenn man erkennt, daß ein Sichbefreien nicht mehr möglich ist, sollte man auf jeden Fall versuchen, mit dem freien Arm Schlagtechniken anzubringen, um in der mißlichen Situation wenigstens noch einige Punkte zu sammeln. Im Standkampf kann man den Gegner durch Treffer mit Leichtkontakt eventuell sogar zum Lösen der Hebeltechnik zwingen. Beim Kampf in der Bodenlage ist dies jedoch nicht erlaubt. Deswegen kommt es hierbei gelegentlich zu der in der Selbstverteidigung auf der Straße unrealistischen Situation, daß man aufgrund einer Hebeltechnik aufge-

331

332

333

334

ben muß, obwohl man vorher eine Anzahl kontaktloser, aber exakter und dynamischer Schlagtechniken angebracht hat. Man darf jedoch nie vergessen, daß es in der Selbstverteidigung auch Situationen gibt, in denen der Kontrahent nicht zuschlägt, sich aber trotzdem gegen eine Hebeltechnik – zum Beispiel den Abführgriff eines Polizeibeamten – wehrt. Hierbei ist es gut, wenn man im Wettkampf gelernt hat, Hebeltechniken auch bei sich voll verteidigenden Gegnern anzusetzen. Außerdem muß man immer bedenken, daß ein Ju-Jutsu-Wettkampf niemals ganz der Praxis auf der Straße gleichen wird und daß daher ein schön anzuschauender Hebel bei Publikum und Kampfrichtern höher bewertet wird als eine ebenso wirksame, aber nicht so spektakulär und schwierig anzusetzende Schlagtechnik.

Möglichkeiten, sich aus Hebeltechniken zu befreien, sind das Losreißen in der Ansatzphase und das Herauswinden, wenn die Technik zwar bereits angesetzt ist, aber noch nicht wirkt. Im Standkampf hat es sich auch bewährt, den Hebel kurz zu blockieren und in dieser Phase selbst eine Technik anzusetzen, um den Gegner zum Lösen der Hebeltechnik zu bringen, bevor diese richtig zu wirken beginnt. So hat im hier gezeigten Beispiel der Angreifer einen Armriegel angesetzt, der jedoch noch nicht voll zur Wirkung kommt. Da er sich außerdem nicht weit genug vom Verteidiger abgedreht hat, gelingt es diesem zunächst, mit einer Fausttechnik zu punkten und anschließend einen Talfallzug auszuführen (Abb. 331 bis 334).

Techniken gegen Würgetechniken

Ebenso wie bei den Hebeltechniken gibt es auch bei den Würgern kein allgemeingültiges »Rezept« dafür, wie man zu agieren hat, um sich möglichst schnell aus dem verhängnisvollen Griff zu befreien. Als Grundregel muß man sich jedoch merken, daß man – wie im traditionellen Ju-Jutsu – sofort das Kinn auf die Brust pressen und die Schultern nach oben ziehen muß, wenn man erkennt, daß der Gegner eine Würgetechnik ansetzt. Diese läßt sich in den meisten Fällen hierdurch bereits im vorhinein verhindern. Sollte es dem Gegner jedoch trotzdem einmal gelingen, mit dem Unterarm oder der Jacke unter das Kinn zu kommen, so hat man zwei Möglichkeiten, das Abwürgen eventuell noch zu vermeiden. Zum einen sollte man sofort versuchen, den Arm des Angreifers mit beiden Händen zu ergreifen und so zu fixieren, daß ein schnelles Zuziehen des Würgers erschwert wird (Abb. 335). Die kurze Zeit, die man hierdurch gewinnt, nutzt man nun dazu aus, sich blitzschnell in Zugrichtung des Gegners um die eigene Achse zu drehen, wodurch die Würgetechnik zumindest gelockert wird (Abb. 336).

335

336

Diese Befreiungsmethode sollte nur dann angewandt werden, wenn der Gegner von hinten würgt. Kommt er von vorn, so ist dies nicht empfehlenswert, da man ihm – sollte die Befreiung gelingen – den Rücken zukehrt und somit ein optimales Angriffsziel bietet. Hier ist es besser, wenn man versucht, den Griff durch Blocktechniken zu sprengen, Schlagtechniken anzubringen oder nach Möglichkeit einen Hebel anzusetzen, wie dies im Kapitel »Befreiung aus Festhaltetechniken« (S. 120) in den Abbildungen 291 bis 294 dargestellt ist.

Weiterführungstechniken

Wenn im Ju-Jutsu-Wettkampf der Gegner eine Schlag-, Stoß- oder Trittechnik abwehrt, hat man sofort die Möglichkeit, eine weitere Technik nachzusetzen oder sich in die Distanz zu begeben, um einen neuen Angriff vorzubereiten. Eine vollkommen andere Situation ergibt sich jedoch nach dem mißlungenen Ansatz eines Hebels, eines Wurfs oder einer Würgetechnik. Die Gegner stehen hierbei eng beisammen, und der Angreifer ist, sobald er seinen Griff lockert, der Gefahr ausgesetzt, daß der Gegner eine der im vorigen Kapitel beschriebenen Gegentechniken anwendet. Dies zu verhindern und die ursprünglich mißlungene Technik doch noch erfolgreich zu beenden beziehungsweise in einen anderen, erfolgversprechenden Angriff umzuwandeln, ist Aufgabe der im folgenden erläuterten Weiterführungstechniken.

Kampfszene

Weiterführungstechniken beim mißlungenen Ansatz eines Wurfs

Unterbrochene Aktion

Im freien Kampf entsteht oftmals die Situation, daß die Gegner nach einem abgeblockten Wurfansatz mit voller Kraft gegeneinander Zug ausüben. Jeder ist der Gefahr ausgesetzt, daß der andere in dem Moment, in dem der Griff gelockert wird, seine Technik beziehungsweise Gegentechnik doch noch erfolgreich ausführen kann. Das Prinzip der unterbrochenen Aktion beruht nun darauf, daß man plötzlich nachgibt und seinen Angriff scheinbar abbricht. Der Gegner, der jetzt keinen Widerstand mehr spürt, läuft Gefahr, durch seinen eigenen Zug aus dem Gleichgewicht zu geraten. Auch er lokkert daher seinen Griff. Diesen Moment nutzt man aus, um genau dieselbe Technik, die man eben aufgegeben hat, noch einmal anzusetzen. Hierbei ist zu beachten, daß das Gleichgewichtsbrechen kräftiger ausgeführt, die Hüfte tiefer abgesenkt und der ganze Wurf exakter und zielstrebiger durchgesetzt werden muß als beim ersten Versuch! Diese ganze Aktion dauert normalerweise nur den Bruchteil einer Sekunde und überrascht den Gegner meistens derart, daß ihm kein zweites Abblocken mehr gelingt.

Eine artverwandte Methode, einen Wurf weiterzuführen, beruht auf der Annahme, daß eine Wurftechnik, wenn sie abgeblockt werden konnte, nicht genau genug angesetzt war. Entweder war der Zug am Arm des Gegners zu schwach, die Hüfte nicht weit genug abgesenkt oder das Gleichgewichtsbrechen nicht stark genug oder aber nicht in die richtige Richtung durchgeführt worden. Vor allem kräftige Kämpfer sind daher in solchen Situationen in der Lage, ihren Fehler unter Beibehaltung ihres Griffs zu korrigieren, während der Gegner mit vollem Krafteinsatz dagegen zieht. In den Abbildungen 337 bis 340 hat der Verteidiger beispielsweise einen zu hoch angesetzten Schulterwurf blockiert. Noch bevor er eine Gegentechnik anbringen kann, geht der Angreifer unter Verstärkung seines Zugs nach vorn blitzschnell in die Hocke. Hierdurch unterläuft er doch noch den Schwerpunkt seines Gegners und kann diesen abwerfen.

In der Regel ist zu diesen Aktionen ein enormer Krafteinsatz nötig, der sich im Kampf meistens durch einen lauten Schrei im Moment größter Anspannung äußert. Dies widerspricht zwar dem Ju-Jutsu-Prinzip »Siegen durch Nachgeben«, führt aber oftmals zum Erfolg, was im Ju-Jutsu-Wettkampf letztendlich ausschlaggebend ist.

Nachsetzprinzip

Viele Kämpfer versuchen, sich einer Wurftechnik des Gegners zu entziehen, indem sie sich von ihm entfernen und eine breitbeinige Stellung einnehmen. Sie senken hierdurch ihren Schwerpunkt ab, um zu verhindern, daß der Gegner ihn unterlaufen und sie somit ausheben

337

338

339

340

kann. Hier kommt das sogenannte Nachsetzprinzip zum Zug. Der Angreifer muß, sobald erdie Bewegung des Verteidigers erkennt, diesem folgen (»nachsetzen«) und dessen leicht vorgebeugte Stellung ausnutzen, um ihn nun erst recht nach vorn aus dem Gleichgewicht zu bringen und zu werfen. In dieser Stellung bietet es sich besonders an, den ursprünglich geplanten Wurf noch durch ein Nachfegen mit dem Bein an der Innen- oder Außenseite des gegnerischen Schenkels zu unterstützen (Abb. 341 bis 344).

341

342

343

344

345

346

347

348

Wie im folgenden Beispiel demonstriert, läßt sich das Nachsetzprinzip auch dann verwirklichen, wenn der Verteidiger aus einer Wurftechnik – hier einem Hüftrad – nach vorn heraussteigt (Abb. 345 bis 348).

Änderung der Angriffsrichtung

Wenn der Gegner einen Wurfansatz blokkiert, setzt er hierzu in der Regel einen kräftigen Zug entgegen der geplanten Wurfrichtung ein. Diesen kann man sofort zu einer Weiterführungstechnik ausnutzen, indem man seine Bewegungsrichtung in Zugrichtung des Verteidigers ändert. Hierbei gerät der Gegner durch seinen eigenen Schwung aus dem Gleichgewicht und kann ohne großen Kraftaufwand geworfen werden. Diese

Art der Weiterführungstechnik realisiert in beispielhafter Form das schon mehrfach erwähnte Ju-Jutsu-Prinzip des »Siegens durch Nachgeben«.

Nachfolgend sind einige in der Praxis immer wiederkehrende Kampfsituationen dargestellt, in denen solche Weiterführungstechniken angewandt werden.
Im ersten Beispiel hat der Angreifer einen Hüftwurf angesetzt, den der Verteidiger durch Absenken der Hüfte und Zug nach hinten abblockt. Der Angreifer gibt diesem Zug nach, dreht sich um und wirft mit einer großen Innensichel (Abb. 349 bis 352).

An dieser Stelle muß noch einmal darauf hingewiesen werden, daß die gezeigten Kampfkombinationen nur im Training, kaum aber einmal im freien Kampf so grundschulmäßig ablaufen. Ein kämpferisch gleichwertiger Gegner verfügt selbst über genügend Kenntnisse und Fähigkeiten, um die Kniffe und Taktiken seines Gegners unwirksam zu machen.

349

350

351

352

Gerade deshalb ist es von größter Wichtigkeit, solche Kombinationen im Training immer wieder zu üben. Erst wenn man in der Lage ist, im Kampf nicht mehr mitdenken zu müssen, sondern reflexartig zu handeln, hat man Chancen, bei Meisterschaften erfolgreich gegen die verschiedensten Gegner bestehen zu können.

Im zweiten Beispiel hat der Angreifer einen Schulterwurf angesetzt. Diesmal ist der Verteidiger nach vorn herausgestiegen. Der Angreifer führt die dabei entstehende Drehbewegung fort und greift das belastete Bein mit einer kleinen Innensichel an (Abb. 353 bis 356).

353

354

355

356

357

358

359

360

361

362

In der letzten der hier gezeigten Kampfsituationen verhindert der Verteidiger eine große Außensichel, indem er nach hinten heraussteigt. Daß er dabei leicht in Vorlage gerät, nutzt der Angreifer sofort zu einem Körperwurf als Weiterführungstechnik aus (Abb. 357 bis 362).

Weiterführungstechniken beim mißlungenen Ansatz eines Hebels

Für das Weiterführen eines Hebels gibt es kaum allgemeingültige Regeln. Wie schon bei den Wurftechniken, kann man auch einen abgeblockten Hebel nach einer angetäuschten Unterbrechung des Angriffs noch einmal mit größerem Krafteinsatz durchziehen (unterbrochene Aktion). Ebenso ist ein Weiterleiten des

363

364

365

366

Arms in die Richtung, in die sich der Gegner durch Zug befreien wollte, möglich. Es bietet sich hierbei an, den Schwung des Gegners auszunutzen, weiterzuleiten und eine Wurftechnik anzusetzen. So folgt in den Abbildungen 363 bis 366 der Angreifer der Bewegung des Verteidigers, als dieser versucht, sich aus einem Armstreckhebel durch Zurückreißen des Arms zu befreien. Dessen eigenen Schwung nach hinten ausnutzend, nimmt er Körperkontakt auf, bricht das Gleichgewicht weiter und wirft ihn mit einer großen Außensichel ab.

Auch im zweiten Beispiel (Abb. 367 bis 370) gelingt es dem Angreifer nicht, eine Hebeltechnik – diesmal einen auf das Handgelenk wirkenden Kipphandhebel – erfolgreich durchzusetzen. Begünstigt durch die beim Zufassen hinderliche Schutzausrüstung sowie durch eine Drehbewegung der Hand konnte der Ver-

367

368

369

370

teidiger die Technik verhindern. Der Angreifer setzt jedoch unter Beibehaltung seines Griffs nach und wirft seinen Gegner mit einer abgewandelten Form des Körperwurfs.

Wenn beim Bodenkampf der Verteidiger eine Hebeltechnik seines Gegners verhindert, bietet es sich zum einen an, mit Schlag- oder Trittechniken zu punkten. Man kann aber auch – wie im Stand – versuchen, der Bewegung des Gegners zu folgen und eine andere Technik erfolgreich anzusetzen. Hierbei kommen gelegentlich sogar Handgelenkshebel erfolgreich zum Einsatz. So zeigen die Abbildungen 371 und 372 das Weiterführen mit einem Handbeugehebel, nachdem der Verteidiger einen Seitstreckhebel durch Anwinkeln des Arms verhindert hat.

371

372

373

374

Im letzten Beispiel versucht der Verteidiger, sich aus einem Kippstreckhebel herauszuwinden. Der Angreifer folgt der Bewegung und geht sofort zu einem Armbeugehebel mit dem Bein über (Abb. 373 und 374).

Diese Beispiele geben nur einen kleinen Einblick in die Vielfalt der möglichen Weiterführungstechniken. Weitere, ebenfalls im Wettkampf praktikable Kombinationen können interessierte Leser auch dem Buch »Ju-Jutsu 3«, ersschienen im gleichen Verlag (Bd. 485), entnehmen. Die beste Schulung erreicht man jedoch durch Übungskämpfe mit wechselnden Partnern und durch gezieltes Training mit einem kampferfahrenen Partner oder Trainer.

Weiterführungstechniken beim mißlungenen Ansatz eines Würgers

Das Weiterführen von Würgetechniken wird in der Regel im Bodenkampf nötig, wenn der Verteidiger einen Würger durch Anziehen des Kinns auf die Brust oder Ergreifen des Arms des Angreifers blokkiert. Wenn ein Durchziehen der Würgetechnik nicht mehr möglich ist, hat der Angreifer oftmals die Möglichkeit, »umzuschalten« und den Gegner mit Schlag-, Stoß- oder Trittechniken zu attackieren oder seinen Arm zu ergreifen und eine Hebeltechnik anzusetzen. Die hierbei entstehenden Kampfsituationen sind so uneinheitlich und vielzählig, daß dieses Buch nicht näher darauf eingehen kann. Es ist vielmehr Aufgabe jedes einzelnen Trainers, seinen Schülern – ausgehend von den Grundtechniken in Übungskämpfen – Möglichkeiten für Weiterführungstechniken zu zeigen, die sich aus der jeweiligen Position heraus ergeben können.

Wettkampftraining

Dieses Kapitel richtet sich vor allem an Ju-Jutsu-Trainer und -Übungsleiter, die noch keine Erfahrung im methodischen Aufbau eines leistungsorientierten Wettkampftrainings haben. Es soll ihnen Hilfen und Anregungen geben, wie sie Kämpfer ihres Vereins, ohne sie durch falsche Methoden zu überlasten, optimal auf eine Meisterschaft vorbereiten können. Interessierte Athleten können sich mit dieser Anleitung auch selbst Trainingsprogramme zusammenstellen und mit diesen eine lang- wie auch kurzfristige Wettkampfvorbereitung betreiben, die gezielt ihre eigenen Kenntnisse und Fähigkeiten berücksichtigt und fördert.

Grundlagentraining

Bevor man mit einem Ju-Jutsuka ein spezielles Wettkampftraining beginnen kann, ist es zunächst einmal nötig, ein intensives Grundlagentraining zu betreiben. Hierher gehört zum einen die gewissenhafte Schulung der im Kapitel »Körperliche Voraussetzungen für den Wettkampf« (S. 14) erläuterten konditionellen Grundeigenschaften. In den ersten Wochen ist dieser Schulung ein Großteil der Trainingszeit zu widmen. Erst wenn ein gutes konditionelles Niveau erreicht ist, ist ihre Intensität zugunsten speziellerer Wettkampfübungen zu reduzieren, niemals aber ganz zu vernachlässigen. In der Folgezeit steht das Training der Grundtechniken im Vordergrund. Da Ju-Jutsuka erst ab dem Grüngurt zu Meisterschaften zugelassen werden, kann man zwar davon ausgehen, daß sie die Grundlagen des traditionellen Selbstverteidigungs-Ju-Jutsu zumindest teilweise beherrschen; diese unterscheiden sich jedoch zum Teil erheblich von denen des Ju-Jutsu-Wettkampfs. Auch kommen hier Techniken und Kombinationen vor, die in der normalen Selbstverteidigung nicht gelehrt werden. Die übliche Trainingsmethode für diese Kampfgrundtechniken stellt das ständige Wiederholen bis zum reflexartigen Beherrschen mit verschiedensten Partnern dar (Abb. 375). Erst wenn diese Stufe erreicht ist, sollte der Trainer zu spezielleren Übungsformen übergehen.

375

Spezialübungen für den Wettkampf

Als »Spezialübungen« bezeichnet man in der Trainingslehre Übungsformen, die zwar in ihrer Struktur noch nicht dem realistischen Wettkampf entsprechen, aber schon Ausschnitte aus diesem isolieren und somit den Kämpfer phasenweise zum freien Kampf hinführen sollen. Die nachfolgend dargestellten Übungsformen zeigen den schematischen Aufbau solcher Spezialübungen auf, wie sie der Trainer für jede Technik und Kampfkombination selbst entwickeln kann. Es wird stets davon ausgegangen, daß ein Partner zum Angreifer (A), der andere zum Verteidiger (V) bestimmt wird. Alle Techniken werden aus einer korrekten Kampfhaltung heraus ausgeführt. Nach jeder Aktion erfolgt eine kurze Pause, in der sich die Übenden wieder zu konzentrieren haben. Die Rollen von A. und V. sind jeweils nach einer bestimmten Zahl von Aktionen oder nach einer bestimmten Zeit zu wechseln. Die Geschwindigkeit und Dynamik der Aktionen sollte mit jeder Serie gesteigert werden.

Schulung der Abwehr von Angriffen mit Fausttechniken

- A greift locker mit einer vorgeschriebenen Fausttechnik (zum Beispiel einem geraden Fauststoß) ein vorgegebenes Ziel (beispielsweise den Kopf) an.

V weicht diesen Angriffen durch Passivblocks aus.

Zunächst erfolgt diese Aktion noch grundschulmäßig auf das Kommando des Trainers; später greift A im selbstgewählten Rhythmus aus der Kampfstellung heraus an.

- A greift wieder mit einer vorgeschriebenen Fausttechnik an.

  V verteidigt sich zunächst mit einer vom Trainer vorgeschriebenen, später mit einer frei wählbaren Aktivblocktechnik.
- A behält die vorige Angriffstechnik bei.

  V blockt oder weicht aus und versucht seinerseits mit einer Schlag- oder Stoßtechnik zu kontern.
- A greift ein vorgeschriebenes Ziel mit einer beliebigen Fausttechnik rechts oder links an.

  V blockt oder weicht aus und versucht, eine Kontertechnik anzubringen.
- A greift mit einer beliebigen Fausttechnik ein frei wählbares Ziel an.

  V verteidigt sich im Rahmen der vorher geübten Techniken.

Die Aufgabe des Trainers ist es, zu überwachen, daß sich in die Grundtechnik und die Bewegungsformen keine Fehler einschleichen (Abb. 376). Außerdem hat er darauf zu achten, daß seine Schüler alle Grundtechniken gleichermaßen üben, damit sich keine zu frühe Spezialisierung und damit Einseitigkeit entwikkelt. Eine Spezialisierung sollte sich frü-

376

hestens bei ersten Übungskämpfen einstellen, wenn individuelle Fähigkeiten besonders gefördert und weiterentwickelt werden. Jeder Kämpfer sollte über eine breite Basis von Grundkenntnissen verfügen, so daß er bei Bedarf seinen Kampfstil auch verändern kann.

Schulung der Abwehr von Angriffen mit Fußtechniken

Der stufenweise Aufbau des Trainings von Abwehrformen gegen Angriffe mit Fußtechniken erfolgt entsprechend den Ausführungen im vorhergehenden Abschnitt über die Abwehr von Faustangriffen. Wichtig ist, daß der als Angreifer eingeteilte Kämpfer mit zunehmendem Können des Verteidigers versucht, immer schneller und dynamischer anzugreifen. Sein Ziel muß es letztendlich sein, seine Angriffstechnik so zu verbessern, daß dem Gegner ein Blocken, Ausweichen oder Kontern nicht mehr möglich ist. Auf diese Weise wird durch eine Übungsform sowohl das Angriffsverhalten des einen als auch das Abwehrverhalten des anderen Kämpfers geschult und verbessert.

Wurfschulung

Voraussetzung dafür, einen Wurf wettkampfbezogen trainieren zu können, ist das sichere Beherrschen der Grundtechnik. Der Trainer sollte hierbei beachten, daß jeder Kämpfer alle wichtigen Grundwürfe kennen und ausführen können sollte. Abgesehen von dieser Basis hat er sich jedoch auf einige Wurftechniken, die ihm besonders liegen, zu spezialisieren und diese bevorzugt in allen Variationen und denkbaren Kampfsituationen zu trainieren. Die Auswahl sollte dabei so erfolgen, daß der Kämpfer verschiedene Spezialwürfe nach allen Richtungen beherrscht, die im Kampf in Form von Weiterführungstechniken kombiniert werden können.

Im folgenden ist die stufenweise Schulung einer Wurftechnik am Beispiel des Schulterwurfs dargestellt:

- A versucht V, der verschiedene stabile Grund- und Kampfstellungen einnimmt, mit einem Schulterwurf zu werfen. V unterstützt A dabei nicht, leistet aber auch keinen aktiven Widerstand.
- A versucht, V nach einer vorgeschriebenen Kampfhandlung – zum Beispiel einem Faustangriff durch V oder einem Übergang zum Kontakt durch A – mit einem Schulterwurf zu werfen.
- A versucht V zu werfen. Dieser vereitelt den Wurf durch Sperren oder Heraussteigen.
  A führt den Angriff mit einer Weiterführungstechnik fort.
- A setzt einen Schulterwurf an.
  V kontert mit einer Gegentechnik.

Wiederum wird durch eine Übungsform die Angriffs- wie auch die Verteidigungsfähigkeit geschult. Diese Übungen sollten regelmäßig mit den verschiedensten Partnern durchgeführt werden, wobei jeder Kämpfer schwerpunktmäßig seine eigenen Spezialwurftechniken trainieren sollte.

Schulung der Bodentechniken

- A bringt V mit einer Wurftechnik zu Boden. Sofort anschließend beginnt der Bodenkampf, wobei A versucht, eine vorgeschriebene Hebel- oder Würgetechnik anzusetzen. V darf den Versuch machen, dies zu verhindern, selbst aber keinen Angriff starten.
- A legt V mit einer beliebigen Technik fest.

  V versucht, sich aus dem Festhalter zu befreien.

Wettkampfübungen

Unter »Wettkampfübungen« versteht man in der Trainingslehre Übungsformen, die dem Wettkampfgeschehen schon sehr ähnlich sind, sich aber in einzelnen Punkten – vor allem Härte und Einsatz – noch von diesem unterscheiden.

Die gebräuchlichste Wettkampfübung im Ju-Jutsu stellt der lockere Übungskampf, der entsprechend den japanischen Ursprüngen des Ju-Jutsu auch als »Randori« bezeichnet wird, dar. Hierbei sind beide Partner gleichberechtigt und versuchen, die bisher gelernten Grundtechniken und Kombinationen an einem sich frei verteidigenden Gegner auszuprobieren. Der Unterschied zum Wettkampf besteht vor allem darin, daß es keinen Sieger und keinen Verlierer gibt, so daß die Kämpfer auch neue und ungewohnte Techniken ansetzen und erproben können. Das Randori wird bei Bedarf durch den Trainer oder auch durch einen der Kämpfer unterbrochen, um eine gerade erfolgte Aktion zu verbessern, Fehler anzusprechen oder den ganzen Ablauf noch einmal nachzuvollziehen. Auf diese Weise dient das Randori also vor allem der praxisnahen Technikschulung sowie der konditionellen Vorbereitung auf den freien Wettkampf.

Wenn der Trainer erkennt, daß seine Schüler in gewissen Teilbereichen des Kampfs noch Schwierigkeiten haben, kann er sie durch Wettkampfübungen mit verschiedenen Spezialaufgaben gezielt schulen. Beispiele hierfür sind:

- reines Randori im Bodenkampf;
- nur Fuß- und/oder Fausttechniken sind erlaubt;
- nur Wurftechniken sind erlaubt;
- der Angreifer hat die Aufgabe, eine bestimmte Technik (zum Beispiel einen Schulterwurf) anzusetzen; der Verteidiger darf mit allen Mitteln versuchen, dies zu verhindern;
- einer der Kämpfer darf nur angreifen, der andere soll verteidigen.

Hinführung zu einer Meisterschaft

Wenn ein Trainer einige seiner Schüler auf eine Meisterschaft vorbereitet, sollte er daran denken, daß sie in der Vorbereitungszeit eine gewisse Erfahrung sammeln müssen, um in einem richtigen Kampf bestehen zu können. Dies ist jedoch bei Übungskämpfen mit Vereinskameraden kaum möglich. Im eigenen Verein kennt man die Stärken und Schwächen aller Kameraden so genau, daß man von einem Kampf mit diesen kaum noch profitieren kann. Um zu verhindern, daß sich seine Schüler zu sehr aufeinander einstellen, sollte der Trainer daher möglichst häufig kleine Vergleichskämpfe mit Nachbarvereinen organisieren. Bei solchen Freundschaftskämpfen lernen die Kämpfer die richtige Wettkampfatmosphäre kennen und spüren, was eine Niederlage oder was ein Sieg bedeutet. Bei einer anschließenden Besprechung sollten sowohl technische als auch psychologische Probleme erörtert werden. Der Trainer kann die Kämpfer somit gezielt fördern und aufbauen.

Ein in dieser Form trainierter Ju-Jutsu-Wettkämpfer kann aufgrund seiner Vorbereitung und der damit verbundenen Erfahrung ruhiger in den Wettkampf gehen und sein Können gezielter ausspielen. Da hierdurch außerdem das technische Niveau gesteigert wird, werden unschöne Schlägereien und damit verbundene Verletzungen weitestgehend vermieden. Damit erhält der Ju-Jutsu-Kampf gleichzeitig eine Chance, auch in der Öffentlichkeit eine gewisse Beachtung zu finden. Durch die ideale Verbindung von Distanzkampf (Karate und Boxen) mit dem Kontaktkampf (Judo und Ringen) ergeben sich spannende und interessante Zweikämpfe, die auch das Interesse von Presse und Fernsehen finden könnten.

Kampfszene

Kampfrichter

Dieses Kapitel soll Hilfestellungen zur bundesweiten Vereinheitlichung der Kampfrichterausbildung geben. Es zeigt die wichtigsten Zeichen auf und demonstriert anhand eines möglichen Kampfverlaufs die Tätigkeiten eines Ju-Jutsu-Kampfrichters.

Kleidung des Kampfrichters

Die offizielle Kampfrichterkleidung besteht aus einem kurzärmeligen Hemd mit dem Emblem für Ju-Jutsu-Kampfrichter (Abb. 377). Dazu trägt man eine schwarze Hose und weiße Socken, beziehungsweise spezielle weiße Mattenschuhe (Abb. 378). Bis zur Ausstattung aller Kampfrichter mit der offiziellen Bekleidung können bei Veranstaltungen bis auf Landesebene auch noch die bisherigen Bekleidungsvarianten getragen werden.

377

378

Allgemeines Auftreten des Kampfrichters

Ein Kampfrichter muß stets bestimmt und selbstsicher auftreten, um Kämpfern und Betreuern nicht ständig ein Ziel für Kritik zu bieten. Er hat seine Entscheidungen mit Überzeugung zu vertreten und durchzusetzen. Ungerechtfertigte Angriffe und unqualifizierte Bemerkungen von Kämpfern und Trainern sollte er soweit wie möglich ignorieren. Wenn er dies nicht mehr kann, hat er den betreffenden Kämpfer zu verwarnen oder zu disqualifizieren beziehungsweise den Zuschauer oder Betreuer wegen ungebührlichen Verhaltens der Halle zu verweisen.

Andererseits soll ein Kampfrichter aber auch berechtigte Einwände anhören und bei von ihm selbst nachträglich erkannten Fehlentscheidungen diese zugeben und korrigieren. Ein guter Kampfrichter zeichnet sich weiterhin dadurch aus, daß er seine Kommandos laut, deutlich und unmißverständlich gibt.

Sein gesamtes Auftreten und Erscheinungsbild ist dafür verantwortlich, ob der Kampfrichter von Kämpfern und Trainern respektiert wird oder ob er ständig Anlaß zu Kritik und Beschwerden beim Kampfrichterobmann gibt.

Kampfszene

Vorschriften zum Kampfrichterwesen

Die Wettkampfregeln legen in Artikel 10 die wichtigsten Vorschriften zum Kampfrichterwesen fest. Diese werden im folgenden aufgezeigt und erläutert.

Artikel 10: Kampfgericht

Die Wettkämpfe werden von einem Hauptkampfrichter und zwei Kampfrichtern geleitet. Entscheidungen in Sachfragen, die von der Mehrheit der Kampfrichter getroffen werden, sind nicht anfechtbar. Formfehler können bei der Kampfrichterkommission beanstandet werden. Alle Kampfrichter bewegen sich auf oder neben der Mattenfläche, um eine günstige Position zum Kämpfer einzunehmen.

Auf das Kommando »Wertung rot« und »Wertung weiß« des Hauptkampfrichters zeigen dieser und die zwei Kampfrichter die jeweils gewerteten Punkte mit den Fingern der erhobenen Hand an. Vergibt einer der Kampfrichter bei der Wertung keinen Punkt, so zeigt er dies durch Kreuzen der Unterarme an (Abb. 379). Wenn der Kampfrichter durch einen ungünstigen Standpunkt keine Technik erkennen konnte, zeigt er das durch Verdecken der Augen mit der Handfläche an (Abb. 380).

Der Hauptkampfrichter gibt die Wertung bekannt, die sich durch die mittlere Wertung beziehungsweise den Mehrheitsbeschluß ergibt. Bei Unstimmigkeiten kann jeder Kampfrichter durch Heben einer Hand eine Besprechung der Kampfrich-

379

380

ter veranlassen, wobei durch Mehrheitsbeschluß eine Entscheidung herbeigeführt wird.

Erläuterung:
a) Mehrheitsbeschluß:
Zeigen zwei der drei Kampfrichter gleiche Wertung an, so zählt diese.
Zum Beispiel: 5, 2, 2 = 2 Punkte
b) Mittlere Wertung:
Werden von den drei Kampfrichtern drei verschiedene Wertungen vergeben, so gilt die in der Mitte liegende und wird bekanntgegeben.
Zum Beispiel: 5, 1, 2 = 2 Punkte

Wertung und Zusammenzählen der Punkte

Als Bewertungsgrundlage dient die in den Kampfregeln aufgeführte Punktetabelle. In der Zeit zwischen zwei Kampfunterbrechungen zählt der Kampfrichter die Punkte der beiden Kämpfer zusammen. Als hilfreich hat sich dabei in der Praxis erwiesen, wenn der Kampfrichter bereits während des Kampfverlaufs die Punkte der beiden Kämpfer für sich selbst mit den Fingern anzeigt. Punkte für Wurf-, Hebel- und Würgetechniken sind dabei entsprechend den Kampfregeln voll zu werten. Bei Faust- und Fußtechniken hat sich in der Praxis das Problem ergeben, daß das Zählen jedes einzelnen Schlags aufgrund der Vielzahl der ausgeführten Aktionen nicht möglich ist. In diesem Fall hat der Kampfrichter aufgrund seiner Erfahrung zu urteilen, welcher der beiden Kämpfer mehr und effektivere Schlag- und Trittechniken angebracht hat. Entsprechend seinem Eindruck vergibt er zwischen null und fünf Punkten. Nur wenn ein Kämpfer ganz besonders wirkungsvolle Techniken anbringt oder seinem Gegner vollends überlegen ist, können auch noch mehr Punkte vergeben werden. Dieses Wertungssystem darf jedoch keinesfalls dazu führen, daß Schläge und Tritte gegenüber Nahkampftechniken zu niedrig bewertet werden, wie man es bei Meisterschaften bereits beobachten konnte. In diesem Fall setzen sich gute Judoka stets durch, obwohl sie beim Übergang zum Kontakt mehrere Schläge erhalten haben. Auch müssen Schlagserien gegen verteidigungsunfähig am Boden liegende Kämpfer gebührend gewürdigt werden, da sie in einer entsprechenden Selbstverteidigungssituation die vollkommene Überlegenheit des oben befindlichen Ju-Jutsuka widerspiegeln würden. Der Kampfrichter muß immer auch einen gedanklichen Bezug zum realistischen Straßenkampf herstellen, der ja stets das oberste Ziel im Ju-Jutsu bleiben soll. Von daher muß also ein guter Distanzkämpfer ebenso den Sieg erringen können wie ein Nahkämpfer, der gelegentlich einen spektakulären Wurf anbringt. Wenn dies nicht beachtet wird, bekämen wir bald durch die Hintertür einen *Judo*-Kampf. Im Rahmen einer Kampfrichterausbildung muß neben der Erläuterung der Wettkampfregeln daher auch die Vermittlung dieser Bewertungskriterien erfolgen.

Möglicher Kampfverlauf mit Kampfrichterzeichen

In diesem Abschnitt wird ein möglicher Kampfverlauf mit den zugehörigen Kampfrichterzeichen beispielhaft dargestellt. Dieser soll zum einen, angehenden Kampfrichtern als Verhaltensmuster dienen, zum anderen aber auch Kämpfern aufzeigen, wie sie sich auf bestimmte Kommandos und Zeichen des Kampfrichters hin zu verhalten haben. Nachfolgend wird der Kämpfer mit dem hellen Markierungsband entsprechend der Farbe des Gürtels als »Weiß«, der mit dem dunklen Markierungsband als »Rot« bezeichnet.

Vor Kampfbeginn fordert der Kampfrichter die Kämpfer auf, einander zu grüßen (Abb. 381). Danach erfolgt das Kommando »Kämpft« (Abb. 382).

381

382

Die Kämpfer nähern sich in Kampfstellung einander an (Abb. 383). Rot greift mit einem geraden Fauststoß an, wird jedoch von Weiß mit einem Fußstoß vorwärts gestoppt (Abb. 384).

383

384

Weiß setzt sofort mit einem Faustschlag nach, den Rot aber abblockt (Abb. 385). Rot geht nun zum Nahkampf über, wirft Weiß erfolgreich mit einer Außensichel (Abb. 386) und setzt am Boden einen Faustschlag nach (Abb. 387). Da er anschließend keine weitere Aktion mehr startet und da aus diesem Grund auch kein Punkt mehr erzielt werden kann, unterbricht der Kampfrichter den Kampf mit dem Kommando »Stop« (Abb. 388).

385

386

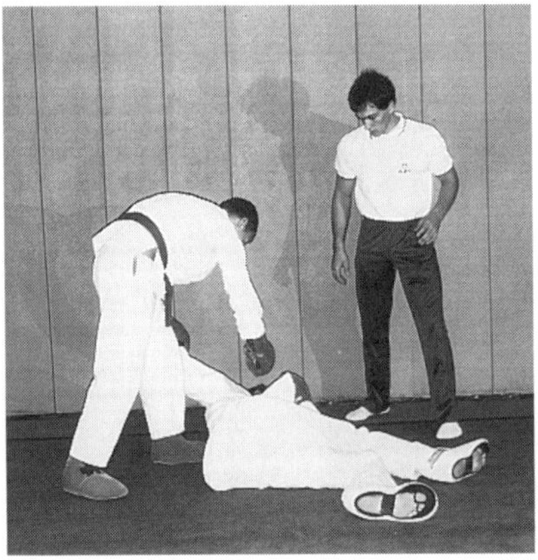

387

388

Auf die Aufforderung »Wertung Rot« zeigen er und die Seitenkampfrichter die Punkte – im vorliegenden Beispiel vier Punkte für Wurf mit anschließender Fausttechnik – mit den Fingern der erhobenen Hand an (Abb. 389). Der Hauptkampfrichter gibt die durch Mehrheitsentscheid oder mittlere Wertung ermittelten Punkte laut bekannt, woraufhin diese an der Anzeigetafel angeschrieben werden. Anschließend erfolgt entsprechend die Aufforderung »Wertung Weiß«, die hier einen Punkt für die Fußtechnik beträgt (Abb. 390).

Nach Bekanntgabe der Punkte von Weiß erfolgt wieder das Kommando »Kämpft«. Bei einem Regelverstoß wie zu hartem, unkontrolliertem Kontakt, einer verbotenen Technik oder – wie dargestellt – einem Schlag unter die Gürtellinie unterbricht der Kampfrichter den Kampf sofort (Abb. 391). Er weist den Kämpfer auf

389

390

391

392

393

seine Verfehlung hin und ermahnt ihn, sich regulär zu verhalten (Abb. 392). Danach gibt er laut bekannt: »Zwei Punkte für Rot wegen verbotenen Tiefschlags von Weiß« (Abb. 393).

Der Kampf wird nun fortgesetzt. Weiß treibt Rot durch eine Schlagserie in die Deckung. Rot, dem keine Verteidigung mehr möglich ist, wendet sich ab. Weiß führt seine Schlagserie zum Hinterkopf weiter, ohne Rot jedoch zu berühren (Abb. 394). Da Weiß keine Folgetechnik ansetzt, die Situation nicht weiter zu seinen Gunsten ausnutzt, unterbricht der Kampfrichter den Kampf. Er vergibt für die Schlagserie Punkte, wobei er auch die Techniken zum Hinterkopf einbezieht, da Weiß lediglich aus Fairneßgründen keinen Kontakt ausgeführt hat (Abb. 395).

394

395

Der Kampf läuft in der bisher beschriebenen Weise weiter. Dabei kommt es auch zu verschiedenen Kampfsituationen in der Bodenlage. Im ersten der hier gezeigten Beispiele sind die beiden Kämpfer so ineinander verklammert, daß keiner der beiden mehr einen Punkt erzielen kann. Wenn der Kampfrichter dies erkennt, unterbricht er den Kampf (Abb. 396). Dabei kann es oftmals geschehen, daß die Kämpfer das Trennungskommando nicht wahrnehmen. Der Kampfrichter verleiht seiner Anordnung dann durch ein Klopfen auf die Schulter des betreffenden Kämpfers Nachdruck. In der zweiten Kampfsituation hat ein Kämpfer die Oberhand und versucht eine Würgetechnik anzusetzen. Hier darf der Kampfrichter die Aktion erst dann unterbrechen, wenn das Bemühen keinen Erfolg hat und der Kämpfer auch zu keiner anderen Technik übergeht (Abb. 397).

396

397

Wenn ein Kämpfer aufgrund einer Hebel- oder Würgetechnik durch Abklatschen seine Aufgabe anzeigt, trennt der Kampfrichter mit dem Kommando »Stop«. Die Kämpfer begeben sich zu ihrer Ausgangsposition, und die Punkte werden bekanntgegeben. Danach wird der Kampf fortgesetzt. Wird beim Bodenkampf von einem der Kämpfer eine zielgenaue, dynamische Schlagserie angebracht, die der Gegner nicht abwehren oder abschwächen kann, so ist der Kampf ebenfalls zu unterbrechen, da dies in einer entsprechenden Selbstverteidigungssituation auch den Sieg bedeuten würde.

Wenn ein akustisches Zeichen das Ende der Kampfzeit anzeigt oder wenn einer der Kämpfer während der Kampfzeit einen Vorsprung von sechs Punkten erreicht hat, beendet der Kampfrichter den Kampf. Die Kämpfer begeben sich in ihre Ausgangsposition und ordnen ihre Kleidung (Abb. 398). Danach verkündet der Hauptkampfrichter laut den Sieger und

398

399

weist mit dem gestreckten Arm auf ihn (Abb. 399). Die Kämpfer verneigen sich anschließend voreinander (Abb. 400). Zur sportlichen Fairneß gehört es, daß der Unterlegene als erster dem Sieger gratuliert (Abb. 401). Diese Geste sollte von einem Kämpfer nie vergessen werden, da sie die Achtung vor dem Gegner ausdrückt und Zeichen einer inneren Einstellung ist, die jedem Sportler – und besonders einem der asiatischen Kampfarten – selbstverständlich sein sollte.

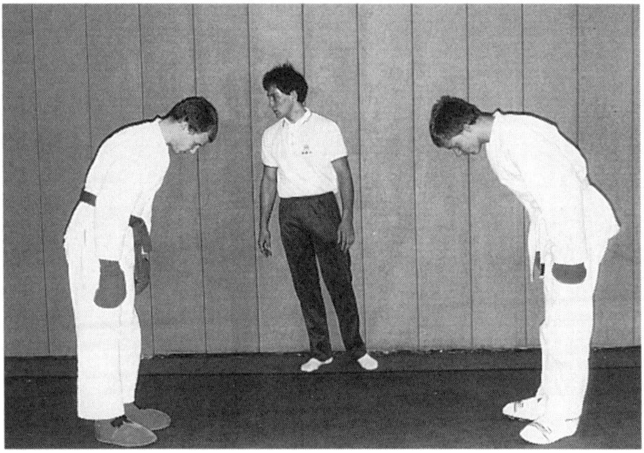

400

401

Wettkampf für Frauen

Damenmeisterschaften im Ju-Jutsu-Wettkampf waren stets Anlaß für heftige Diskussionen. Die Gegner trugen vor, daß es brutal und vor allem unästhetisch sei, wenn sich Frauen – trotz zusätzlicher Brustschützer – gegenseitig »verprügeln«. Vor allem die unvermeidlichen Schläge ins Gesicht stießen bei ihnen auf heftigste Kritik. Die Befürworter hingegen meinten, daß eine Frau mehr Selbstvertrauen habe und in einer richtigen Selbstverteidigungssituation wesentlich besser bestehen könne, wenn sie im Wettkampf gelernt habe, sowohl harte Schläge auszuteilen und Techniken gegen vollen Widerstand durchzusetzen als auch, selbst etwas »einzustecken«.

Es ist nicht die Aufgabe eines Lehrbuchs, sich in diese Kontroverse einzumischen. Jede Frau muß für sich selbst entscheiden, ob sie an offiziellen Meisterschaften teilnehmen möchte oder nicht. Trotzdem darf es nicht versäumt werden, die positiven Aspekte eines Wettkampftrainings für Frauen hervorzuheben. Die Schutzausrüstung versetzt uns in die glückliche Lage, auch beim traditionellen Ju-Jutsu-Training nicht mehr so ängstlich jeden Treffer vermeiden zu müssen. Man kann heutzutage auch hart trainieren, ohne bis zum freien Ju-Jutsu-Wettkampf gehen zu müssen. Alle Ju-Jutsu-Schüler – insbesondere auch die Frauen – müssen sich der Schutzausrüstung bedienen, um ein realistisches Selbstverteidigungstraining durchführen zu können. Frauen müssen ebenso wie die Männer lernen, ihre Techniken hart, zielgenau und gegen den Widerstand des Angreifers durchzusetzen. Das Sandsacktraining (Abb. 402) sollte für sie daher ebenso zur Gewohnheit werden wie die Teilnahme an Übungskämpfen (Abb. 403).

402

403

Daß dabei Rücksicht auf die anatomischen Besonderheiten der Frauen genommen wird, sollte sich von selbst verstehen. Die Erfahrung zeigt, daß fast alle Mädchen und Frauen nach anfänglichen Bedenken Spaß an dieser Art von Training finden. Sie erkennen sehr schnell ihre Schwächen, aber auch ihre Stärken. So sind sie in der Regel bald in der Lage, ihren männlichen Partnern im freien Randori erhebliche Schwierigkeiten zu bereiten. Daß dies sehr schnell das Selbstvertrauen der Frauen hebt und natürlich vor allem ihre Fähigkeit zur Selbstverteidigung steigert, ist verständlich. Jeder Trainer muß daher darauf achten, daß sich seine Schülerinnen in Übungsstunden, die wettkampforientiert verlaufen, nicht vor dem Training drücken, sondern auch zumindest die wichtigsten Grundlagen des Ju-Jutsu-Wettkampfs erlernen und damit eine moderne und vor allem realistische Selbstverteidigungsmethode beherrschen.

Nützliche Ratgeber

Stand: Sommer 1988

Essen und Trinken

FALKEN EXKLUSIV
Kochen in höchster Vollendung
Aus vier Elementen ist alles zusammengefügt (Theophrast). (4291) Von M. Wissing, M. Kirsch, 160 S., 230 Farbfotos, Leinen geprägt mit Schutzumschlag, im Schuber, **DM 98,–**, S 784.–

Was koche ich heute?
Neue Rezepte für Fix-Gerichte. (0608) Von A. Badelt-Vogt, 112 S., 16 Farbtafeln, kart. ●

Kochen für 1 Person
Rationell wirtschaften, abwechslungsreich und schmackhaft zubereiten. (0586) Von M. Nicolin, 136 S., 8 Farbtafeln, 23 Zeichnungen, kart. ●

Schnell und individuell
Die raffinierte Single-Küche
(4266) Von F. Faist, 160 S., 151 Farbfotos, Pappband. ●●●

Gesunde Kost aus dem Römertopf
(0442) Von J. Kramer, 128 S., 8 Farbtafeln, 13 Zeichnungen, kart. ●

FALKEN-FEINSCHMECKER
Pasta in Höchstform **Nudeln**
(0884) Von M. Kirsch, 64 S., 62 Farbfotos, Pappband. ●

Nudelgerichte
– lecker, locker, leicht zu kochen. (0466) Von C. Stephan, 80 S., 8 Farbtafeln, kart. ●

FALKEN-FEINSCHMECKER
In Hülle und Fülle
Pasteten und Terrinen
(0883) Von M. Kirsch, 48 S., 62 Farbfotos, Pappband. ●

FALKEN-FEINSCHMECKER
Spezialitäten unter knuspriger Decke
Aufläufe
(0882) Von C. Adam, 48 S., 33 Farbfotos, Pappband. ●

Eintöpfe und Aufläufe
Das Beste aus den Kochtöpfen der Welt (5079) Von A. und G. Eckert, 64 S., 50 Farbfotos, Pappband. ●●

FALKEN-FEINSCHMECKER
Herzhaftes für Leib und Seele
Eintöpfe
(0820) Von P. Klein, 48 S., 30 Farbfotos, Pappband. ●

Schnell und gut gekocht
Die tollsten Rezepte für den Schnellkochtopf. (0265) Von J. Ley, 96 S., 8 Farbtafeln, kart. ●

Kochen und backen im Heißluftherd
Vorteile, Gebrauchsanleitung, Rezepte. (0516) Von K. Kölner, 72 S., 8 Farbtafeln, kart. ●

Zaubern mit der schnellen Welle
Die neue Mikrowellenküche
(4289) Von F. Faist, 208 S., 188 Farbfotos, Pappband. ●●●

Das neue Mikrowellen-Kochbuch
(0434) Von H. Neu, 64 S., 4 Farbtafeln, 16 s/w Zeichnungen, kart. ●

Ganz und gar mit Mikrowellen
(4094) Von T. Peters, 208 S., 24 Farbfotos, 12 Zeichnungen, kart. ●●●

FALKEN-FEINSCHMECKER
Schnell auf den Tisch gezaubert
Kochen mit Mikrowellen
(0818) Von A. Danner, 64 S., 52 Farbfotos, Pappband. ●

Marmeladen, Gelees und Konfitüren
Köstlich wie zu Omas Zeiten – einfach selbstgemacht. (0720) Von M. Gutta, 32 S., 23 Farbfotos, 1 Zeichnung, Pappband. ●

Einkochen
nach allen Regeln der Kunst. (0405) Von B. Müller, 128 S., 8 Farbtafeln, kart. ●

Einkochen, Einlegen, Einfrieren
(4055) Von B. Müller, 152 S., 27 s/w.-Abb., kart. ●●

Haltbarmachen in der Öko-Küche
Gesunde Konservierungsmethoden für Obst, Gemüse, Kräuter und Pilze. (0932) Von M. Bustorf-Hirsch, 120 S., 56 Farbfotos, 36 Farbzeichnungen. kart. ●●

FALKEN-FEINSCHMECKER
Goldbraun und knusprig
Fritierte Leckerbissen
(0868) Von F. Faist, 64 S., 47 Farbfotos, Pappband. ●

Das neue Fritieren
geruchlos, schmackhaft und gesund. (0365) Von P. Kühne, 96 S., 8 Farbtafeln, kart. ●

FALKEN-FEINSCHMECKER
Die Krönung der feinen Küche
Saucen
(0817) Von G. Cavestri, 48 S., 40 Farbfotos, Pappband. ●

FALKEN-FEINSCHMECKER
Edler Kern in harter Schale
Meeresfrüchte
(0886) Von L. Grieser, 48 S., 52 Farbfotos, Pappband. ●

FALKEN-FEINSCHMECKER
Von Tatar und falschen Hasen
Hackfleisch
(0866) Von A. und G. Eckert, 64 S., 42 Farbfotos, Pappband. ●

Mehr Freude und Erfolg beim **Grillen**
(4141) Von A. Berliner, 160 S., 147 Farbfotos, 10 farbige Zeichnungen, Pappband. ●●●

Grillen für Geniesser
Fleisch · Fisch · Beilagen · Soßen. (5001) Von E. Fuhrmann, 64 S., 38 Farbfotos, Pappband. ●●

FALKEN-FEINSCHMECKER
Köstliches von Rost und Spieß
Grillen
(0931) Von A. Kalcher-Dähn, H. K. Kalcher, 64 S., 43 Farbfotos, Pappband. ●

Chinesisch kochen
mit dem Wok-Topf und dem Mongolen-Topf. (0557) Von C. Korn, 64 S., 8 Farbtafeln, kart. ●

FALKEN-FEINSCHMECKER
Verheißungsvoll fernöstlich
Spezialitäten aus dem Wok
(0933) Von H. K. Jen, 64 S., 56 Farbfotos, Pappband. ●

Schlemmerreise durch die
Chinesische Küche
(4184) Von K. H. Jen, 160 S., 117 Farbfotos, Pappband. ●●●

Nordische Küche
Speisen und Getränke von der Küste. (5082) Von J. Kürtz, 64 S., 44 Farbfotos, Pappband. ●●

Essen in Hessen
Spezialitäten zwischen Schwalm und Odenwald. (0837) Von R. Witt, 120 S., 10 s/w-Zeichnungen, Pappband. ●●

Schlemmerreise durch die
Französische Küche
(4296) Von H. Imhof, 160 S., 147 Farbfotos, 3 s/w-Fotos, Pappband. ●●●

Französisch kochen
Eine kulinarische Reise durch Frankreich. (5016) Von M. Gutta, 64 S., 35 Farbfotos, Pappband. ●●

Französische Küche
(0685) Von M. Gutta, 96 S., 16 Farbtafeln, kart. ●

Französische Spezialitäten aus dem Backofen
Herzhafte Tartes und Quiches mit Fleisch, Fisch, Gemüse und Käse (5146) Von P. Klein, 64 S., 43 Farbfotos, Pappband. ●●

FALKEN-FEINSCHMECKER
Aus lauter Lust und Liebe
Knoblauch
(0867) Von L. Reinirkens, 64 S., 45 Farbfotos, Pappband. ●

Kochen und würzen mit **Knoblauch**
(0725) Von A. und G. Eckert, 96 S., 8 Farbtafeln, kart. ●

Schlemmerreise durch die
Italienische Küche
(4172) Von V. Pifferi. 160 S., 109 Farbfotos, Pappband. ●●●

Pizza, Pasta und die feine italienische Küche
(4270) Von R. Rudatis, 120 S., 255 Farbfotos, Pappband. ●●

Italienische Küche
Ein kulinarischer Streifzug mit regionalen Spezialitäten. (5026) Von M. Gutta, 64 S., 35 Farbfotos, Pappband. ●●

FALKEN-FEINSCHMECKER
Schlemmen wie bei Mamma Maria
Pizzas
(0815) Von F. Faist, 64 S., 62 Farbfotos, Pappband. ●

Köstliche Pilzgerichte
Tips und Rezepte für die häufigsten Pilzgattungen. (5133) Von V. Spicker-Noack, M. Knoop, 64 S., 52 Farbfotos, Pappband. ●●

Fondues
und fritierte Leckerbissen. (0471) Von S. Stein, 96 S., 8 Farbtafeln, kart. ●

Fondues · Raclettes · Flambiertes
(4081) Von R. Peiler und M.-L. Schult, 136 S., 15 Farbtafeln, 28 Zeichnungen, kart. ●●

Neue, raffinierte Rezepte mit dem Raclette-Grill
(0558) Von L. Helger, 56 S., 8 Farbtafeln, kart. ●

Rezepte rund um Raclette und Doppeldecker
(0420) Von J. W. Hochscheid, 72 S., 8 Farbtafeln, kart. ●

Die hier vorgestellten Bücher, Videokassetten und Software sind in folgende Preisgruppen unterteilt:

● Preisgruppe bis DM 10,–/S 79,–
●● Preisgruppe über DM 10,– bis DM 20,– S 80,– bis S 160,–
●●● Preisgruppe über DM 20,– bis DM 30,– S 161,– bis S 240,–
●●●● Preisgruppe über DM 30,– bis DM 50,– S 241,– bis S 400,–
●●●●● Preisgruppe über DM 50,–/S 401,–
*(unverbindliche Preisempfehlung)

Die Preise entsprechen dem Status beim Druck dieses Verzeichnisses (s. Seite 1) – Änderungen, im besonderen der Preise, vorbehalten –

Fondues und Raclettes
(4253) Von F. Faist, 160 S., 125 Farbfotos, Pappband. ●●●

FALKEN-FEINSCHMECKER
Schmelzendes Käsevergnügen
Raclette
(0881) Von F. Faist, 48 S., 33 Farbfotos, Pappband. ●

Kulinarischer Feuerzauber
Flambieren
(4294) Von R. Wesseler, 120 S., 100 Farbfotos, Pappband. ●●●

Kochen und würzen mit
Paprika
(0792) Von A. und G. Eckert, 88 S., 8 Farbtafeln, kart. ●

Köstlichkeiten für Gäste und Feste
Kalte Platten
(4200) Von I. Pfliegner. 160 S., 130 Farbfotos, Pappband. ●●●

Kalte Happen und Partysnacks
Canapés, Sandwiches, Pastetchen, Salate und Suppen. (5029) Von D. Peters, 64 S., 44 Farbfotos, Pappband. ●●

Garnieren und Verzieren
(4236) Von R. Biller, 160 S., 329 Farbfotos, 57 Zeichnungen, Pappband. ●●●

Desserts
Puddings, Joghurts, Fruchtsalate, Eis, Gebäck, Getränke. (5020) Von M. Gutta, 64 S., 41 Farbfotos, Pappband. ●●

FALKEN-FEINSCHMECKER
Süße Verführungen
Desserts
(0885) Von M. Bacher, 64 S., 75 Farbfotos, Pappband. ●

FALKEN-FEINSCHMECKER
Süße Geheimnisse eiskalt gelüftet
Eis und Sorbets
(0870) Von H. W. Liebheit, 48 S., 38 Farbfotos, Pappband. ●

Crêpes, Omeletts und Soufflés
Pikante und süße Spezialitäten. (5131) Von J. Rosenkranz, 64 S., 45 Farbfotos, Pappband. ●●

Kuchen und Torten
Die besten und beliebtesten Rezepte. (5067) Von M. Sauerborn, 64 S., 79 Farbfotos, Pappband. ●●

Tortenträume und Kuchenfantasien
Gebackene Köstlichkeiten originell dekoriert und verziert. (0823) Von F. Faist, 80 S., 150 Farbfotos, kart. ●●

Backen mit Lust und Liebe
(4284) Von M. Schumacher, R. Krake, 242 S., 348 Farbfotos, 18 farb. Vignetten, 3 vierseitige Ausklapptafeln, Pappband. ●●●●

Backen, was allen schmeckt
Kuchen, Torten, Gebäck und Brot. (4166) Von E. Blome, 556 S., 40 Farbtafeln, Pappband. ●●●

Meine Vollkornbackstube
Brot · Kuchen · Aufläufe. (0616) Von R. Raffelt, 96 S., 4 Farbtafeln, 12 Zeichnungen, kart. ●

FALKEN-FEINSCHMECKER
Knusprig, kernig, urgesund
Vollkornbrot
(0938) Von S. Reiter, 64 S., 56 Farbfotos, Pappband. ●

FALKEN-FEINSCHMECKER
Mit Körnern, Zimt und Mandelkern
Vollkorngebäck
(0816) Von M. Bustorf-Hirsch, 48 S., 39 Farbfotos, Pappband. ●

Biologisch Backen
Neue Rezeptideen für Kuchen, Brote, Kleingebäck aus vollem Korn. (4174) Von M. Bustorf-Hirsch, 136 S., 15 Farbtafeln, 47 Zeichnungen, kart. ●●

Selbst Brotbacken
Über 50 erprobte Rezepte. (0370) Von J. Schiermann, 80 S., 6 Zeichnungen, 4 Farbtafeln, kart. ●

Mehr Freude und Erfolg beim
Brotbacken
(4148) Von A. und G. Eckert, 160 S., 177 Farbfotos, Pappband. ●●●

Brotspezialitäten
knusprig backen – herzhaft kochen. (5088) Von J. W. Hochscheid, L. Helger, 64 S., 48 Farbfotos, Pappband. ●●

Weihnachtsbäckerei
Köstliche Plätzchen, Stollen, Honigkuchen und Festtagstorten. (0682) Von M. Sauerborn, 32 S., 34 Farbfotos, Pappband. ●

Waffeln
süß und pikant. (0522) Von C. Stephan, 64 S., 8 Farbtafeln, kart. ●

Alles mit Joghurt
tagfrisch selbstgemacht. Mit vielen Rezepten. (0382) Von G. Volz, 88 S., 8 Farbtafeln, kart. ●

Joghurt, Quark, Käse und Butter
Schmackhaftes aus Milch hausgemacht. (0739) Von M. Bustorf-Hirsch. 32 S., 59 Farbabb., Pappband. ●

FALKEN-FEINSCHMECKER
Raffiniert und gesund würzen
Kräuterküche
(0869) Von A. Görgens, 48 S.,43 Farbfotos, Pappband. ●

Miekes Kräuter- und Gewürzkochbuch
(0323) Von I. Persy, K. Mieke, 96 S., 8 Farbtafeln, kart. ●

Das köstliche knackige Schlemmervergnügen.
Salate
(4165) Von V. Müller. 160 S., 80 Farbfotos, Pappband. ●●●

FALKEN-FEINSCHMECKER
Frisch und leicht als Hauptgericht
Schlemmersalate
(0934) Von C. Adam, 64 S., 49 Farbfotos, Pappband. ●

111 köstliche Salate
Erprobte Rezepte mit Pfiff. (0222) Von C. Schönherr, 96 S., 8 Farbtafeln, 30 Zeichnungen, kart. ●

FALKEN-FEINSCHMECKER
Köstlich frisch auf den Tisch
Rohkostsalate
(0865) Von C. Adam, 48 S., 26 Farbfotos, Pappband. ●

Die abwechslungsreiche Vollwertküche
Vitaminreich und naturbelassen kochen und backen. (4229) Von M. Bustorf-Hirsch, K. Siegel, 280 S., 31 Farbtafeln, 78 Zeichnungen, Pappband. ●●●●

Die feine Vollwertküche
(4286) Von M. Bustorf-Hirsch, 160 S., 83 Farbfotos, Pappband. ●●●

Meine Vollkornküche
Herzhaftes von echtem Schrot und Korn (0858) Von S. Walz, 128 S., 8 Farbtafeln, kart. ●

FALKEN-FEINSCHMECKER
Dinkel, Hirse, Roggenkorn...
Kerniges aus der Getreideküche
(0932) Von S. Frank, 64 S., 49 Farbfotos, Pappband. ●

FALKEN-FEINSCHMECKER
Die verlockende Alternative
Süße Vollwertküche
(0936) Von A. Roßmeier, 64 S., 50 Farbfotos, Pappband. ●

FALKEN-FEINSCHMECKER
Die gesunde Art, sich zu verwöhnen
Vollwertküche für Singles
(0937) Von A. Görgens, 64 S., 43 Farbfotos, Pappband. ●

Alternativ essen
Die gesunde Sojaküche.
(0553) Von U. Kolster, 112 S., 8 Farbtafeln, kart. ●

Kochen mit Tofu
Die gesunde Alternative. (0894) Von U. Kolster, 80 S., 8 Farbtafeln, kart. ●

Das Reformhaus-Kochbuch
Gesunde Ernährung mit hochwertigen Naturprodukten. (4180) Von A. und G. Eckert, 160 S. 15 Farbtafeln, Pappband. ●●●

Gesund kochen mit Keimen und Sprossen
(0794) Von M. Bustorf-Hirsch, 104 S., 8 Farbtafeln, 13 s/w-Zeichnungen, kart. ●

Keime und Sprossen in der Naturküche
(4299) Von M. Bustorf-Hirsch, 96 S., 144 Farbfotos, Pappband. ●●

Die feine Vegetarische Küche
(4235) Von F. Faist, 160 S., 191 Farbfotos, Pappband. ●●●

Biologische Ernährung
für eine natürliche und gesunde Lebensweise. (4125) Von G. Leibold, 136 S., 15 Farbtafeln, 47 Zeichnungen, kart. ●●

Gesunde Ernährung für mein Kind
(0776) Von M. Bustorf-Hirsch, 96 S., 8 Farbtafeln, 5 s/w Zeichnungen, kart. ●

Vitaminreich und naturbelassen
Biologisch Kochen
(4162) Von M. Bustorf-Hirsch, K. Siegel, 144 S., 15 Farbtafeln, 31 Zeichnungen, kart. ●●

Gesund kochen
wasserarm · fettfrei · aromatisch. (4060) Von M. Gutta, 240 S., 16 Farbtafeln, Pappband. ●●●

Naturküche à la carte
(4406) Von M. Wissing, M. Kirsch, 160 S., 179 Farbfotos, Pappband. ●●●●

Würzig kochen ohne Salz
(0922) Von S. Roediger-Streubel, 160 S., 16 Farbtafeln, kart. ●●

Natursammlers Kuchbuch
Wildfrüchte und Gemüse, Pilze, Kräuter – finden und zubereiten. (4040) Von C. M. Kerler, 140 S., 12 Farbtafeln, kart. ●●

Kräuter- und Heilpflanzen-Kochbuch
für eine gesunde Lebensweise. (4066) Von P. Pervenche, 143 S., 15 Farbtafeln. kart. ●●

Pralinen und Konfekt
Kleine Köstlichkeiten selbstgemacht. (0731) Von H. Engelke, 32 S., 57 Farbfotos, Pappband. ●

FALKEN-FEINSCHMECKER
Zart schmelzende Versuchungen
Schokolade
(0819) Von J. Schroer, 48 S., 53 Farbfotos, Pappband. ●

Die hier vorgestellten Bücher, Videokassetten und Software sind in folgende Preisgruppen unterteilt:

● Preisgruppe bis DM 10,–/S 79,–
●● Preisgruppe über DM 10,– bis DM 20,– S 80,– bis S 160,–
●●● Preisgruppe über DM 20,– bis DM 30,– S 161,– bis S 240,–
●●●● Preisgruppe über DM 30,– bis DM 50,– S 241,– bis S 400,–
●●●●● Preisgruppe über DM 50,–/S 401,–
*(unverbindliche Preisempfehlung)

Die Preise entsprechen dem Status beim Druck dieses Verzeichnisses (s. Seite 1) – Änderungen, im besonderen der Preise, vorbehalten –

FALKEN

Das richtige Frühstück
Gesunde Vollwertkost vitaminreich und naturbelassen. (0784) Von C. Kratzel, R. Böll, 32 S., 28 Farbfotos, Pappband. ●

Bocuse à la carte
Französisch kochen mit dem Meister. (4237) Von P. Bocuse, 88 S., 218 Farbfotos, Pappband. ●●

Kochschule mit Paul Bocuse
(6016) VHS, 60 Min. in Farbe. ●●●●●*

Der schön gedeckte Tisch
Vom einfachen Gedeck bis zur Festtafel stimmungsvoll und perfekt arrangiert. (4246) Von H. Tapper, 112 S., 206 Farbabbildungen, 21 s/w-Abbildungen, Pappband. ●●●

Servietten dekorativ falten
Geschmackvolle Anregungen aus Stoff und Papier. (0804) Von H. Tapper, 3T S., 134 Farbfotos, Pappband. ●

Cocktails
(4267) Von W. R. Hoffmann, W. Hubert, U. Lottring, 160 S., 164 Farbfotos, 1 s/w-Foto, Pappband. ●●●

Neue Cocktails und Drinks
mit und ohne Alkohol. (0517) Von S. Späth, 128 S., 4 Farbtafeln, kart., ●

Mixgetränke
mit und ohne Alkohol (5017) Von C. Arius, 64 S., 35 Farbfotos, Pappband. ●●

FALKEN-FEINSCHMECKER
Fruchtig, spritzig, eisgekühlt
Mixen ohne Alkohol
(0935) Von S. Späth, 64 S., 44 Farbfotos, Pappband. ●

Cocktails und Mixereien
für häusliche Feste und Feiern. (0075) Von J. Walker, 96 S., 4 Farbtafeln, kart. ●

Die besten Punsche, Grogs und Bowlen
(0575) Von F. Dingden, 64 S., 4 Farbtafeln, kart. ●

Weine und Säfte, Liköre und Sekt
selbstgemacht. (0702) Von P. Arauner, 232 S., 76 Abb., kart. ●●

Mitbringsel aus meiner Küche
selbst gemacht und liebevoll verpackt. (0668) Von C. Schönherr, 32 S., 30 Farbfotos, Pappband. ●

Weinlexikon
Wissenswertes über die Weine der Welt. (4149) Von U. Keller, 228 S., 6 Farbtafeln, 395 s/w-Fotos, Pappband. ●●●

Heißgeliebter Tee
Sorten, Rezepte und Geschichten. (4114) Von C. Maronde, 153 S., 16 Farbtafeln, 93 Zeichnungen, Pappband. ●●●

Tee für Genießer.
Sorten · Riten · Rezepte. (0356) Von M. Nicolin, 64 S., 4 Farbtafeln, kart. ●

Tee
Herkunft · Mischungen · Rezepte. (0515) Von S. Ruske, 96 S., 4 Farbtafeln, 16 s/w-Abbildungen, Pappband. ●

Kinder lernen spielend backen
(5110) Von M. Gutta, 64 S., 45 Farbfotos, Pappband. ●●

Kinder lernen spielend kochen
Lieblingsgerichte mit viel Spaß selbst zubereitet. (5096) Von M. Gutta, 64 S., 45 Farbfotos, Pappband, ●●

Komm, koch mit mir
Kunterbuntes Kochvergnügen für Kinder. (4285) Von S. und H. Theilig, Illustrationen von B. v. Hayek, 96 S., 48 Farbfotos, 350 Farb- und 1 s/w-Zeichnung, Pappband. ●●

Schlank werden nach Dr. Hay
Trennkost
Die bewährten Vollwert-Rezepte von Ursula Summ. (4298) Von U. Summ, 96 S., 54 Farbtafeln, 1 Zeichnung, kart. ●●

Gesund leben – schlank werden mit der
Bio-Kur
(0657) Von S. Winter. 144 S., 4 Farbtafeln, kart. ●

SLIM
Der neue, individuelle Schlankheitsplan (4277) Von Prof. Dr. E. Menden, W. Aign. 120 S., 440 Farbfotos, Pappband. ●●●

Kalorien – Joule
Eiweiß · Fett · Kohlenhydrate tabellarisch nach gebräuchlichen Mengen. (0374) Von M. Bormio, 88 S., kart. ●

Vitamine und Ballaststoffe
So ermittle ich meinen täglichen Bedarf (0746) Von Prof. Dr. M. Wagner, I. Bongartz. 96 S., 6 Farbabb., zahlreiche Tabellen, kart. ●

Hobby und Freizeit

Aquarellmalerei
als Kunst und Hobby. (4147) Von H. Haack, B. Wersche, 136 S., 62 Farbfotos, 119 Zeichnungen, Pappband. ●●●●

Aquarellmalerei
Materialien · Techniken · Motive. (5099) Von T. Hinz, 64 S., 79 Farbfotos, Pappband. ●●

Hobby Aquarellmalen
Landschaft und Stilleben. (0876) Von I. Schade, A. Brück, 80 S., 111 Farbabbildungen, kart. ●●

Videokassette
Hobby Aquarellmalen
Landschaft und Stilleben (6022) VHS, ca. 40 Min., in Farbe, ●●●●*

Aquarellmalerei leicht gelernt
Materialien · Techniken · Motive. (0787) Von T. Hinz, R. Braun, B. Zeidler, 32 S., 38 Farbfotos, 1 Zeichnung, Pappband. ●

Aquarellieren auf Seide
Materialien · Techniken · Motive. (0917) Von I. Demharter, 32 S., 41 Farbfotos, Pappband. ●

Hobby Ölmalerei
Landschaft und Stilleben. (0875) Von H. Kämper, I. Becker, 80 S., 93 Farbabb., kart. ●●

Videokassette
Hobby Ölmalerei
Landschaft und Stilleben (6025) VHS, ca. 40 Min., in Farbe, ●●●●*

Falken-Handbuch
Zeichnen und Malen
(4167) Von B. Bagnall, 336 S., 1154 Farbabb., Pappband. ●●●●●

Das große farbige PLAKA-Buch
Malen und Basteln
(4402) Von H.-J. Giesecke, 192 S., 225 Farbfotos, 20 Farb- und 4 s/w- Zeichnungen, Pappband. ●●

Das große farbige
Bastelbuch für Kinder
(4254) Von U. Barff, I. Burkhardt, J. Maier. 224 S., 157 Farbfotos, 430 Farb- und 69 s/w-Zeichnungen, Pappband. ●●●

Punkt, Punkt, Komma, Strich
Zeichenstunden für Kinder. (0564) Von H. Witzig, 144 S., über 250 Zeichnungen, kart. ●

Einmal grad und einmal krumm
Zeichenstunden für Kinder. (0599) Von H. Witzig, 144 S., 363 Abb. kart. ●

Naive Malerei
Materialien · Motive · Techniken. (5083) Von F. Krettek, 64 S., 76 Farbfotos, Pappband. ●●

Bauernmalerei
als Kunst und Hobby. (4057) Von A. Gast, H. Stegmüller, 128 S., 239 Farbfotos, 26 Riß-Zeichnungen, Pappband. ●●●●

Hobby Bauernmalerei
(0436) Von S. Ramos und J. Roszak, 80 S., 116 Farbfotos und 28 Motivvorlagen, kart. ●●

Bauernmalerei
Kreatives Hobby nach alter Volkskunst (5039) Von S. Ramos, 64 S., 85 Farbfotos, Pappband. ●●

Glasmalerei
als Kunst und Hobby. (4088) Von F. Krettek und S. Beeh-Lustenberger, 132 S., 182 Farbfotos, 38 Motivvorlagen, Pappband. ●●●●

Naive Hinterglasmalerei
Materialien · Techniken · Bildvorlagen (5145) Von F. Krettek, 64 S., 87 Farbfotos, 6 Zeichnungen, Pappband. ●●

Kalligraphie
Die Kunst des schönen Schreibens (4263) Von C. Hartmann, 120 S., 44 Farbvorlagen, 29 s/w-Vorlagen, 2 s/w-Zeichnungen, 38 Farbfotos, Pappband. ●●●●

Seidenmalerei als Kunst und Hobby
(4264) Von S. Hahn, 136 S., 256 Farbfotos, 1 s/w-Foto, 34 Farbzeichnungen, Pappband. ●●●●

Kunstvolle Seidenmalerei
Mit zauberhaften Ideen zum Nachgestalten. (0783) Von I. Demharter, 32 S., 56 Farbfotos, Pappband. ●

Zauberhafte Seidenmalerei
Materialien · Techniken · Gestaltungsvorschläge. (0664) Von E. Dorn, 32 S., 62 Farbfotos, Pappband. ●

Neue zauberhafte Seidenmalerei
Motive und Anregungen aus der Natur. (0924) Von R. Henge, 80 S., 148 Farbfotos, 27 s/w-Zeichnungen, kart. ●●

Hobby Seidenmalerei
(0611) Von R. Henge, 88 S., 106 Farbfotos, 28 Zeichnungen, kart. ●●

Hobby Stoffdruck und Stoffmalerei
(0555) Von A. Ursin, 80 S., 68 Farbfotos, 68 Zeichnungen, kart. ●●

Stoffmalerei und Stoffdruck
Materialien · Techniken · Ideen · Modelle (5074) Von H. Gehring, 64 S., 110 Farbfotos, Pappband. ●●

Batik
leicht gemacht. Materialien ·Färbetechniken · Gestaltungsideen. (5112) Von A. Gast, 64 S., 105 Farbfotos, Pappband. ●●

Die hier vorgestellten Bücher, Videokassetten und Software sind in folgende Preisgruppen unterteilt:

● Preisgruppe bis DM 10,–/S 79,–
●● Preisgruppe über DM 10,– bis DM 20,– S 80,– bis S 160,–
●●● Preisgruppe über DM 20,– bis DM 30,– S 161,– bis S 240,–
●●●● Preisgruppe über DM 30,– bis DM 50,– S 241,– bis S 400,–
●●●●● Preisgruppe über DM 50,–/S 401,–
*(unverbindliche Preisempfehlung)

Die Preise entsprechen dem Status beim Druck dieses Verzeichnisses (s. Seite 1) – Änderungen, im besonderen der Preise, vorbehalten –

FALKEN

Kreatives Bilderweben
Materialien – Vorlagen – Motive
(0814) Von A. Schulte-Huxel, 32 S., 58 Farbfotos, 8 Zeichnungen, Pappband. ●

Hobby Applikationen
Materialien · Techniken · Modelle.
(0899) Von H. Probst-Reinhardt, 80 S., 92 Farbfotos, 31 Zeichnungen, kart. ●●

Flechten
mit Bast, Stroh und Peddigrohr. (5098) Von H. Hangleiter, 64 S., 47 Farbfotos, 76 Zeichnungen, Pappband. ●●

Falken-Handbuch
Nähen
Abc der Nähtechniken und kreative Modellschneiderei in ausführlichen Schritt-für-Schritt-Bildfolgen. (4272) Von A. Bree, 320 S., 1142 Abbildungen, Schnittmusterbogen für alle Modelle, Pappband. ●●●●

Falken-Handbuch
Häkeln
ABC der Häkeltechniken und Häkelmuster in ausführlichen Schritt-für-Schritt-Bildfolgen. (4194) Von H. Fuchs, M. Natter, 288 S., 597 Farbfotos, 476 farbige Zeichnungen. Pappband. ●●●●

Häkeln
Schritt für Schritt für Rechts- und Linkshänder. (5134) Von H. Klaus, 64 S., 120 Farbfotos, 144 Zeichnungen, Pappband. ●●

Monogrammstickerei
Mit Vorlagen für Initialen, Vignetten und Ornamente. (5148) Von H. Fuchs, 64 S., 50 Farbfotos, 50 Zeichnungen, Pappband. ●●

Falken-Handbuch
Stricken
ABC der Stricktechniken und Strickmuster in ausführlichen Schritt-für-Schritt-Bildfolgen. (4137) Von M. Natter, 312 S., 106 Farb- und 922 s/w-Fotos, 318 Zeichnungen, Pappband. ●●●●

Das moderne Standardwerk von der Expertin
Perfekt Stricken
Mit Sonderteil Häkeln. (4250) Von H. Jaacks, 256 S., 703 Farbfotos, 169 Farb- und 121 s/w-Zeichnungen, Pappband. ●●●

Videokassette Stricken
(6007) VHS. Von P. Krolikowski-Habicht, H. Jaacks, 51 Min., in Farbe. ●●●●*

Stricken
Schritt für Schritt für Rechts- und Linkshänder. (5142) Von S. Oelwein-Schefczik, 64 S., 148 Farbfotos, 173 Zeichnungen, Pappband. ●●

Die schönsten Handarbeiten zum Verschenken
(4225) Von B. Wenzelburger, 128 S., 156 Farbfotos, 70 zweifarbige Zeichnungen, Pappband. ●●●●

Kuscheltiere stricken und häkeln
Arbeitsanleitungen und Modelle. (0734) Von B. Wehrle, 32 S., 60 Farbfotos, 28 Zeichnungen, Spiralbindung. ●

Hobby Patchwork und Quilten
(0768) Von B. Staub-Wachsmuth, 80 S., 108 Farbabb., 43 Zeichnungen, kart. ●●

Hobby Spitzencollagen
Bezaubernde Motive aus edlem Material. (0847) Von H. Westphal, 80 S., 186 Farbfotos, kart. ●●

Textiles Gestalten
Weben, Knüpfen, Batiken, Sticken, Objekte und Strukturen. (5123) Von J. Fricke, 136 S., 67 Farb- und 189 s/w-Fotos, 15 Zeichnungen, kart. ●●

Gestalten mit Glasperlen
fädeln · sticken · weben (0640) Von A. Köhler, 32 S., 55 Farbfotos, Spiralbindung. ●

Schmuck, Accessoires und Dekoratives
aus Fimo modelliert. (0873) Von A. Aurich, 32 S., 54 Farbfotos, Pappband. ●

Exklusiver Modeschmuck
aus dem eigenen Atelier
(0925) Von J. Niemeier, J. Klein, 80 S., 141 Farbfotos, 25 Zeichnungen, kart. ●●

Neue zauberhafte Salzteig-Ideen
(0719) Von I. Kiskalt, 80 S., 324 Farbfotos, 12 Zeichnungen, kart. ●●

Hobby Salzteig
(0662) Von I. Kiskalt, 80 S., 150 Farbfotos, 5 Zeichnungen, Schablonen, kart. ●●

Gestalten mit Salzteig
formen · bemalen · lackieren. (0613) Von W.-U. Cropp, 32 S., 56 Farbfotos, 17 Zeichnungen, Pappband. ●

Originell und dekorativ
Salzteig mit Naturmaterialien
(0833) Von A. und H. Wegener, 80 S., 166 Farbfotos, kart. ●●

Buntbemalte Kunstwerke aus Salzteig
Figuren, Landschaften und Wandbilder. (5141) Von G. Belli, 64 S., 165 Farbfotos, 1 Zeichnung, Pappband. ●●

Kreatives Gestalten mit Salzteig
Originelle Motive für Fortgeschrittene. (0769) Hrsg. I. Kiskalt, 80 S., 168 Farbfotos, kart. ●●

Videokassette Salzteig
(6010) VHS. Von I. Kiskalt, Dr. A. Teuchert, in Farbe, ca. 35 Min. ●●●●●*

Tiffany-Spiegel selbermachen
Materialien · Arbeitsanleitung · Vorlagen. (0761) Von R. Thomas, 32 S., 53 Farbfotos, Pappband. ●

Tiffany-Schmuck selbermachen
Materialien · Arbeitsanleitungen · Modelle. (0871) Von B. Poludniak, H. W. Scheib, 32 S., 54 Farbfotos, 3 Zeichnungen, Pappband. ●

Tiffany-Lampen selbermachen
Arbeitsanleitung · Materialien · Modelle. (0684) Von I. Spliethoff, 32 S., 60 Farbfotos, Pappband. ●

Hobby Glaskunst in Tiffany-Technik
(0781) Von N. Köppel, 80 S., 194 Farbfotos, 6 s/w-Abb., kart., ●●

Altes Brauchtum neu endeckt
Schmuck-Eier
Kunstvoll gestalten und verzieren. (0919) Von I. Kiskalt, 32 S., 45 Farbfotos, 3 s/w-Zeichnungen, Pappband. ●

Origami –
Die Kunst des Papierfaltens. (0280) Von R. Harbin, 160 S., 633 Zeichnungen, kart. ●

Hobby Origami
Papierfalten für groß und klein. (0756) Von Z. Aytüre-Scheele, 88 S., über 800 Farbfotos, kart. ●●

Neue zauberhafte Origami-Ideen
Papierfalten für groß und klein. (0805) Von Z. Aytüre-Scheele, 80 S., 720 Farbfotos, kart. ●●

Weihnachtsbasteleien
(0667) Von M. Kühnle und S. Beck, 32 S., 56 Farbfotos, 6 Zeichnungen, Pappband. ●

Alle Jahre wieder…
Avent und Weihnachten
Basteln – Backen – Schmücken – Singen – Vorlesen – Feiern. (4260) Von H. und Y. Nadolny, 256 S., 105 Farbfotos, 130 Zeichnungen, Pappband. ●●●

Bastelspaß mit der Laubsäge
Mit Schnittmusterbogen für viele Modelle in Originalgröße. (0741) Von L. Giesche, M. Bausch, 32 S., 61 Farbfotos, 7 Zeichnungen, Schnittmusterbogen, Pappband. ●

Strohschmuck selbstgebastelt
Sterne, Figuren und andere Dekorationen (0740) Von E. Rombach, 32 S., 60 Farbfotos, 17 Zeichnungen, Pappband. ●

Das Herbarium
Pflanzen sammeln, bestimmen und pressen. (5113) Von I. Gabriel, 96 S., 140 Farbfotos, Pappband. ●●

Gestalten mit Naturmaterialien
Zweige, Kerne, Federn, Muscheln und anderes. (5128) Von I. Krohn, 64 S., 101 Farbfotos, 11 farbige Zeichnungen, Pappband. ●●

Blütenbilder aus Blumen und Blättern
Phantasievolle Naturcollagen. (0872) Von G. Schamp, 32 S., 57 Farbfotos, 1 Zeichnung, Pappband. ●

Dauergestecke
mit Zweigen, Trocken- und Schnittblumen. (5121) Von G. Vocke, 64 S., 57 Farbfotos, Pappband. ●●

Ikebana
Einführung in die japanische Kunst des Blumensteckens. (0548) Von G. Vocke, 152 S., 47 Farbfotos, kart. ●●

Hobby Trockenblumen
Gewürzsträuße, Gestecke, Kränze, Buketts. (0643) Von R. Strobel-Schulze, 88 S., 170 Farbfotos, kart. ●●

Hobby Gewürzsträuße
und zauberhafte Gebinde nach Salzburger Art. (0726) Von A. Ott, 80 S., 101 Farbfotos, 51 farbige Zeichnungen, kart. ●●

Trockenblumen und Gewürzsträuße
(5084) Von G. Vocke, 64 S., 63 Farbfotos, Pappband. ●●

Töpfern
als Kunst und Hobby. (4073) Von J. Fricke, 132 S., 37 Farbfotos, 222 s/w-Fotos, Pappband. ●●●●

Kreatives Gestalten mit Ton
Töpfern ohne Scheibe – Aufbaukeramik
(0896) Von A. Riedinger, 80 S., 207 Farbfotos, 16 Zeichnungen, 7 Vignetten, kart. ●●

Schöne Sachen modellieren
Originelles aus Cernit – ideenreich gestaltet. (0762) Von G. Thelen, 32 S., 105 Farbfotos, Pappband. ●

Porzellanpuppen
Zauberhafte alte Puppen selbst nachbilden. (5138) Von C. A. und D. Stanton, 64 S., 58 Farbfotos, 22 Zeichnungen, Pappband. ●●

Zauberhafte alte Puppen
Sammeln · Restaurieren · Nachbilden (4255) Von C. A. Stanton, J. Jacobs, 120 S., 157 Farbfotos, 24 Zeichnungen, Pappband. ●●●●

Die hier vorgestellten Bücher, Videokassetten und Software sind in folgende Preisgruppen unterteilt:

● Preisgruppe bis DM 10,–/S 79,–
●● Preisgruppe über DM 10,– bis DM 20,– S 80,– bis S 160,–
●●● Preisgruppe über DM 20,– bis DM 30,– S 161,– bis S 240,–
●●●● Preisgruppe über DM 30,– bis DM 50,– S 241,– bis S 400,–
●●●●● Preisgruppe über DM 50,–/S 401,–
*(unverbindliche Preisempfehlung)

Die Preise entsprechen dem Status beim Druck dieses Verzeichnisses (s. Seite 1) – Änderungen, im besonderen der Preise, vorbehalten –

FALKEN

Stoffpuppen
Liebenswerte Modelle selbermachen. (5150) Von I. Wolff, 56 S., 115 Farbfotos, 15 Zeichnungen, mit Schnittmusterbogen, Pappband. ●●

Hobby Puppen
Bezaubernde Modelle selbst gestalten. (0742) Von B. Wenzelburger, 88 S., 163 Farbfotos, 41 Zeichnungen, 11 Schnittmuster, kart. ●●

Selbstgestrickte Puppen
Materialien und Arbeitsanleitungen. (0638) Von B. Wehrle, 32 S., 21 Farbfotos, 24 Zeichnungen, Pappband. ●

Dekorative Rupfenpuppen
Arbeitsanleitungen und Gestaltungsvorschläge. (0733) Von B. Wenzelburger, 32 S., 57 Farbfotos, 14 Zeichnungen, Spiralbindung. ●

Phantasiepuppen stricken und häkeln
Märchenhafte Modelle mit Arbeitsanleitungen. (0813) Von B. Wehrle, 32 S., 26 Farbfotos, 30 einfarbige und 16 dreifarbige Zeichnungen, Pappband. ●

Heißgeliebte Teddybären
Selbermachen · Sammeln · Restaurieren. (0900) Von H. Nadolny, Y. Thalheim, 80 S., 119 Farbfotos, 23 s/w-Zeichnungen, 14 S. Schnittmusterbogen, kart. ●●

Schritt für Schritt zum Scherenschnitt
Materialien · Techniken · Gestaltungsvorschläge. (0732) Von H. Klingmüller, 32 S., 38 Farbfotos, 34 Vorlagen, Pappband. ●

Hobby Drachen
bauen und steigen lassen. (0767) Von W. Schimmelpfennig, 80 S., 1 dreiseitige Ausklapptafel, 55 Farbfotos, 139 Zeichnungen, kart. ●●

Ferngelenkte Motorflugmodelle
bauen und fliegen. (0400) Von W. Thies, 184 S., mit Zeichnungen und Detailplänen, kart. ●●

Flugmodelle
bauen und einfliegen. (0361) Von W. Thies und W. Rolf, 160 S., 63 Abb., 7 Faltpläne, kart. ●●

Kleine Welt auf Rädern
Das faszinierende Spiel mit **Modelleisenbahnen** (4175) Von F. Eisen, 256 S., 72 Farb- und 180 s/w-Fotos, 25 Zeichnungen, Pappband. ●●●

Anlagenbau in Modultechnik
für Modelleisenbahnen und Dioramen. (0845) Von J. Thal, 104 S., 68 Farbfotos, 28 Zeichnungen, kart. ●●●

Videokassette
Die Modelleisenbahn
Anlagenbau in Modultechnik. Neue kreative Gestaltung. Neue raffinierte Techniken. (6028) VHS, von J. Grahn, 30 Min., in Farbe, ●●●●*

Schiffsmodelle
selber bauen. (0500) Von D. und R. Lochner, 200 S., 93 Zeichnungen, 2 Faltpläne, kart. ●●

Ferngelenkte Segelflugmodelle
bauen und fliegen. (0446) Von W. Thies, 176 S., 22 s/w-Fotos, 115 Zeichnungen, kart. ●●

Garagentore selbst bemalt
Techniken und Motive. (0786) Von H. und Y. Nadolny, 32 S., 24 Farbfotos, 12 s/w-Zeichnungen, Pappband. ●

Falken Handbuch
Heimwerken
Reparieren und Selbermachen im Haus und Wohnung - über 1100 Farbfotos. Praktische Tips vom Profi: Selbermachen, Reparieren, Renovieren, Kostensparen. (4117) Von Th. Pochert, 440 S., 1103 Farbfotos, 100 ein- und zweifarbige Abb., Pappband. ●●●●

Falken-Heimwerker-Praxis
Tapezieren
(0743) Von W. Nitschke, 112 S., 186 Farbfotos, 9 Zeichnungen, kart. ●●

Falken-Heimwerker-Praxis
Anstreichen und Lackieren
(0771) Von P. Müller, 120 S., 186 Farbfotos, 2 s/w Fotos, 3 Zeichnungen, kart. ●●

Falken-Heimwerker-Praxis
Fahrrad-Reparaturen
(0796) Von R. van der Plas, 112 S., 140 Farbfotos, 113 farbige Zeichnungen, kart. ●●

Falken-Heimwerker-Praxis
Kleinmöbel aus Holz
(0905) Von O. Maier, 128 S., 210 Farbfotos, 80 Zeichnungen, kart. ●●

Restaurieren von Möbeln
Stilkunde, Materialien, Techniken, Arbeitsanleitungen in Bildfolgen. (4120) Von E. Schnaus-Lorey, 152 S., 37 Farbfotos, 75 s/w Fotos, 352 Zeichnungen, Pappband. ●●●●

Möbel aufarbeiten, reparieren und pflegen
(0386) Von E. Schnaus-Lorey, 96 S., 28 Fotos, 101 Zeichnungen, kart. ●

Feuerzeichen behaglicher Wohnkultur
Kachelöfen, Kamine und Kaminöfen
(4288) Hrsg. von C. Berninghaus. Von R. Heinen, G. Kosicek, H. P. Sabborrosch, 168 S., 291 Farbfotos, 2 s/w-Fotos, 8 Zeichnungen, Pappband. ●●●●●

Moderne Fotopraxis
(4401) Von G. Koshofer, Prof. H. Wedewardt, 224 S., 363 Farbfotos, 106 s/w-Fotos, 5 Farb- und 24 s/w-Zeichnungen, Pappband. ●●●

Aktfotografie
Interpretationen zu einem unerschöpflichen Thema. Gestaltung · Technik · Spezialeffekte. (0737) Von H. Wedewardt, 88 S., 144 Farb- und 6 s/w-Fotos, 6 Zeichnungen, kart. ●●

Videokassette
Aktfotografie
(6001) VHS, Laufzeit ca. 60 Min. in Farbe. ●●●●●*

So macht man bessere Fotos
Das meistverkaufte Fotobuch der Welt. (0614) Von M. L. Taylor, 192 S., 457 Farbfotos, 15 Abb., kart. ●●

Schmalfilmen
Ausrüstung · Aufnahmepraxis · Schnitt · Ton. (0342) Von U. Ney, 108 S., 4 Farbtafeln, 25 s/w-Fotos, kart. ●

Schmalfilme selbst vertonen
(0593) Von U. Ney, 96 S., 57 s/w-Fotos, 14 Zeichnungen, kart. ●

Videografieren
Filmen mit Video 8. Technik – Bildgestaltung – Schnitt – Vertonung. (0843) Von M. Wild, K. Möller, 120 S., 101 Farbfotos, 22 s/w-Fotos, 52 Zeichnungen, kart. ●●

Videokassette
Videografieren
Filmen mit Video 8. Technik – Bildgestaltung – Schnitt – Vertonung. (6031) VHS, (6033) Beta, (6034) Sony 8 mm, von M. Wild, 60 Min., in Farbe. ●●●●●*

Mit vollem Genuß
Pfeife rauchen
Alles über Tabaksorten, Pfeifen und Zubehör. (4227) Von H. Behrens, H. Frickert, 168 S., 127 Farbfotos, 18 Zeichnungen, Pappband. ●●●●

Die Fazination der Philatelie
Briefmarken sammeln
(4273) Von D. Stein, 212 S., 124 s/w-Fotos, 24 Farbtafeln, Pappband. ●●●

Briefmarken
sammeln für Anfänger. (0481) Von D. Stein. 120 S., 4 Farbtafeln, 98 s/w-Abb., kart. ●

Münzen
Ein Brevier für Sammler. (0353) Von E. Dehnke, 128 S., 4 Farbtafeln, 17 s/w-Abb., kart. ●●

Astronomie als Hobby
Sternbilder und Planeten erkennen und benennen. (0572) Von D. Block, 176 S., 16 Farbtafeln, 49 s/w-Fotos, 93 Zeichnungen, kart. ●●

Astronomie im Bild
Unser Sternenhimmel rund ums Jahr
(0849) Von Dr. E. Übelacker, 88 S., 48 Farbfotos, 1 s/w-Foto, 68 Farbzeichnungen, kart. ●●

Freizeit mit dem Mikroskop
(0291) Von M. Deckart, 132 S., 8 Farbtafeln, 64 s/w-Abb., 2 Zeichnungen, kart. ●

Gitarre spielen
Ein Grundkurs für den Selbstunterricht. (0534) Von A. Roßmann, 96 S., 1 Schallfolie, 150 Zeichnungen, kart. ●●●

Komm mit ins Land der Lieder
Das große Buch der Kinder-, Volks- und Chorlieder. (4261) Hrsg. von H. Rauhe, 176 S., 146 Farbzeichnungen, Pappband. ●●●

Die schönsten Wander- und Fahrtenlieder
(0462) Hrsg. von F. R. Miller, empfohlen vom Deutschen Sängerbund, 80 S., mit Noten und Zeichnungen, kart. ●

Die schönsten Volkslieder
(0432) Hrsg. von D. Walther, 128 S., mit Noten und Zeichnungen, kart. ●

Technik

Dampflokomotiven
(4204) Von W. Jopp, 96 S., 134 Farbfotos, Pappband. ●●●

Die Super-Eisenbahnen der Welt
(4287) Von W. Kosak, H. G. Isenberg, 224 S., 269 Farbfotos, 79 s/w-Fotos, 8 Vignetten, 5 farb. Ausklapptafeln, Pappband. ●●●●

Zivilflugzeuge
Vom Kleinflugzeug zum Überschall-Jet (4218) Von R. J. Höhn, H. G. Isenberg, 96 S., 115 Farbfotos, Pappband. ●●●

Trucks
Giganten der Landstraßen in aller Welt. (4222) Von H. G. Isenberg, 96 S., 131 Farbfotos, Pappband. ●●●

Die Super-Trucks der Welt
(4257) Von H. G. Isenberg, 194 S., 205 Farbfotos, 87 s/w-Fotos, 7 Farbzeichnungen, 4 Ausklapptafeln, Pappband. ●●●●

Die hier vorgestellten Bücher, Videokassetten und Software sind in folgende Preisgruppen unterteilt:

● Preisgruppe bis DM 10,–/S 79,–
●● Preisgruppe über DM 10,– bis DM 20,– S 80,– bis S 160,–
●●● Preisgruppe über DM 20,– bis DM 30,– S 161,– bis S 240,–
●●●● Preisgruppe über DM 30,– bis DM 50,– S 241,– bis S 400,–
●●●●● Preisgruppe über DM 50,–/S 401,–
*(unverbindliche Preisempfehlung)

Die Preise entsprechen dem Status beim Druck dieses Verzeichnisses (s. Seite 1) – Änderungen, im besonderen der Preise, vorbehalten –

Die Super-Motorräder der Welt
(4193) Von H. G. Isenberg, 192 S., 170 Farb- und 100 s/w-Fotos, 8 Zeichnungen, Pappband. ●●●●

Motorrad-Hits
Chopper, Tribikes, Heiße Öfen. (4221) Von H. G. Isenberg, 96 S., 119 Farbfotos, Pappband. ●●●

Motorrad-Faszination
Heiße Öfen, von denen jeder träumt. (4223) Von H. G. Isenberg, 96 S., 103 Farb- und 20 s/w-Fotos, Pappband. ●●●

Sport und Fitneß

ZDF Sportjahr '87
Rekorde, Siege, Schicksale, Ergebnisse, Termine '88
(4290) Hrsg. von B. Heller, 192 S., 275 Farb- und 4 s/w-Fotos, kart. ●●

Neue Lehrmethoden der Judo-Praxis
(0424) Von P. Herrmann, 223 S., 475 Abb., kart. ●●

Judo
Grundlagen – Methodik. (0305) Von M. Ohgo, 208 S., 1025 Fotos, kart. ●●

Fußwürfe
für Judo, Karate und Selbstverteidigung. (0439) Von H. Nishioka, 96 S., 260 Abb., kart. ●

Modernes Karate
Das große Standardwerk mit 2229 Abbildungen. (4280) Von T. Okazaki, Dr. med. M. V. Stricevic, übers. von M. Pabst, 376 S., 2279 Abbildungen, Pappband. ●●●●●

Karate für alle
Karate-Selbstverteidigung in Bildern. (0314) Von A. Pflüger, 112 S., 356 s/w-Fotos, kart. ●

Nakayamas Karate perfekt 1
Einführung. (0487) Von M. Nakayama, 136 S., 605 s/w-Fotos, kart. ●●

Nakayamas Karate perfekt 2
Grundtechniken. (0512) Von M. Nakayama, 136 S., 354 s/w-Fotos, 53 Zeichnungen, kart. ●●

Nakayamas Karate perfekt 3
Kumite 1: Kampfübungen. (0538) Von M. Nakayama, 128 S., 424 s/w-Fotos, kart. ●●

Nakayamas Karate perfekt 4
Kumite 2: Kampfübungen. (0547) Von M. Nakayama, 128 S., 394 s/w-Fotos, kart. ●●

Nakayamas Karate perfekt 5
Kata 1: Heian, Tekki. (0571) Von M. Nakayama, 144 S., 1229 s/w-Fotos, kart. ●●

Nakayamas Karate perfekt 6
Kata 2: Bassai-Dai, Kanku-Dai, (0600) Von M. Nakayama, 144 S., 1300 s/w-Fotos, 107 Zeichnungen, kart. ●●

Nakayamas Karate perfekt 7
Kata 3: Jitte, Hangetsu, Empi. (0618) Von M. Nakayama, 144 S., 1988 s/w-Fotos, 105 Zeichnungen, kart. ●●

Nakayamas Karate perfekt 8
Gankaku, Jion. (0650) Von M. Nakayama, 144 S., 1174 s/w-Fotos, 99 Zeichungen, kart. ●●

Kontakt-Karate
Ausrüstung · Technik · Training. (0396) Von A. Pflüger, 112 S., 238 s/w-Fotos, kart. ●●

Karate-Do
Das Handbuch des modernen Karate. (4028) Von A. Pflüger, 360 S., 1159 Abb., Pappband. ●●●●

Bo-Karate
Kukishin-Ryu – die Techniken des Stockkampfes. (0447) Von G. Stiebler, 176 S., 424 s/w-Fotos, 38 Zeichnungen, kart. ●●

Karate 1
Einführung · Grundtechniken. (0227) Von A. Pflüger, 148 S., 195 s/w-Fotos, 120 Zeichnungen, kart. ●

Karate 2
Kombinationstechniken · Katas. (0239) Von A. Pflüger, 176 S., 452 s/w-Fotos und Zeichnungen, kart. ●

Karate Kata 1
Heian 1-5, Tekki 1, Bassai Dai. (0683) Von W.-D. Wichmann, 164 S., 703 s/w-Fotos, kart. ●●

Karate Kata 2
Jion, Empi, Kanku-Dai, Hangetsu. (0723) Von W.-D. Wichmann, 140 S., 661 s/ w-Fotos, 4 Zeichnungen, kart. ●●

25 Shotokan-Katas
Auf einen Blick: Karate-Katas für Prüfungen und Wettkämpfe. (0859) Von A. Pflüger, 88 S., 185 s/w-Abbildungen, 26 ganzseitige Tafeln mit über 1.600 Einzelschritten, kart. ●●

Videokassette
Karate
Einführung und Grundtechniken. (6037) VHS, Von A. Pflüger, ca. 45 Min., in Farbe, ●●●●●*

Ninja 1
Die Lehre der Schattenkämpfer. (0758) Von S. K. Hayes, 144 S., 137 s/w-Fotos, kart. ●●

Ninja 2
Die Wege zum Shoshin (0763) Von S. K. Hayes, 160 S., 309 s/w-Fotos, kart. ●●

Ninja 3
Der Pfad des Togakure-Kämpfers. (0764) Von S. K. Hayes, 144 S., 197 s/w-Fotos, 2 Zeichnungen, kart. ●●

Ninja 4
Das Vermächtnis der Schattenkämpfer. (0807) Von S. K. Hayes, 196 S., 466 s/w-Fotos, kart. ●●

Der König des Kung-Fu
Bruce Lee
Sein Leben und Kampf. (0392) Von L. Lee, 136 S., 104 s/w-Fotos, kart. ●●

Bruce Lees Kampfstil 1
Grundtechniken. (0473) Von B. Lee, M. Uyehara, 109 S., 220 Abb., kart. ●

Bruce Lees Kampfstil 2
Selbstverteidigungs-Techniken. (0486) Von B. Lee, M. Uyehara, 128 S., 310 Abb., kart. ●

Bruce Lees Kampfstil 3
Trainingslehre. (0503) Von B. Lee, M. Uyehara, 112 S., 246 Abb., kart. ●

Bruce Lees Kampfstil 4
Kampftechniken. (0523) Von B. Lee, M. Uyehara, 104 S., 211 Abb., kart. ●

Bruce Lees Jeet Kune Do
(0440) Von B. Lee, 192 S., mit 105 eigenhändigen Zeichnungen von B. Lee, kart. ●●

Ju-Jutsu 1
Grundtechniken – Moderne Selbstverteidigung. (0276) Von W. Heim, F. J. Gresch, 164 S., 450 s/w-Fotos, 8 Zeichnungen, kart. ●

Ju-Jutsu 2
für Fortgeschrittene und Meister. (0378) Von W. Heim, F. J. Gresch, 160 S., 798 s/w- Fotos, kart. ●●

Ju-Jutsu 3
Spezial-, Gegen- und Weiterführungs-Techniken. (0485) Von W. Heim, F. J. Gresch, 200 S., über 600 s/w-Fotos, kart. ●●

Ju-Jutsu als Wettkampf
(0826) Von G. Kulot, 168 S., 418 s/w-Fotos, 2 Zeichnungen, kart. ●●

Nunchaku
Waffe · Sport · Selbstverteidigung. (0373) Von A. Pflüger, 144 S., 247 Abb., kart. ●●

Shuriken · Tonfa · Sai
Stockfechten und andere bewaffnete Kampfsportarten aus Fernost. (0397) Von A. Schulz, 96 S., 253 s/w-Fotos, kart. ●●

Illustriertes Handbuch des Taekwondo
Koreanische Kampfkunst und Selbstverteidigung. (4053) Von K. Gil, 248 S., 1026 Abb., Pappband. ●●●

Taekwon-Do
Koreanischer Kampfsport. (0347) Von K. Gil, 152 S., 408 Abb., kart. ●●

Taekwondo perfekt 1
Die Formenschule bis zum Blaugurt. (0890) Von K. Gil, Kim Chul-Hwan, 176 S., 439 s/w-Fotos, 107 Zeichnungen, kart. ●●

Aikido
Lehren und Techniken des harmonischen Weges. (0537) Von R. Brand, 280 S., 697 Abb., kart. ●●

Kung-Fu und Tai-Chi
Grundlagen und Bewegungsabläufe. (0367) Von B. Tegner, 182 S., 370 s/w-Fotos, kart. ●●

Kung-Fu
Theorie und Praxis klassischer und moderner Stile. (0376) Von M. Pabst, 160 S., 330 Abb., kart. ●●

Shaolin-Kempo – Kung-Fu
Chinesisches Karate im Drachenstil. (0395) Von R. Czerni, K. Konrad. 246 S., 723 Abb., kart. ●●

Hap Ki Do
Grundlagen und Techniken koreanischer Selbstverteidigung. (0379) Von Kim Sou Bong, 112 S., 153 Abb., kart. ●●

Dynamische Tritte
Grundlagen für den Zweikampf. (0438) Von C. Lee, 96 S., 398 s/w-Fotos, 10 Zeichnungen, kart. ●

Kickboxen
Fitneßtraining und Wettkampfsport. (0795) Von G. Lemmens, 96 S., 208 s/w-Fotos, 23 Zeichnungen, kart. ●●

Selbstverteidigung
Abwehrtechniken für Sie und Ihn (0853) Von E. Deser, 96 S., 259 s/w-Fotos, kart. ●

Muskeltraining mit Hanteln
Leistungssteigerung für Sport und Fitness. (0676) Von H. Schulz, 108 S., 92 s/w-Fotos, 2 Zeichnungen, kart. ●

Leistungsfähiger durch Krafttraining
Eine Anleitung für Fitness-Sportler, Trainer und Athleten (0617) Von W. Kieser, 100 S., 20 s/w-Fotos, 62 Zeichnungen, kart. ●

Die Faszination athletischer Körper
Bodybuilding
mit Weltmeister Ralf Möller. (4281) Von R. Möller, 128 S., 169 Farbfotos, 14 s/w-Fotos, 1 Farbzeichnung, Pappband. ●●●●

Die hier vorgestellten Bücher, Videokassetten und Software sind in folgende Preisgruppen unterteilt:

● Preisgruppe bis DM 10,–/S 79,–
●● Preisgruppe über DM 10,– bis DM 20,– S 80,– bis S 160,–
●●● Preisgruppe über DM 20,– bis DM 30,– S 161,– bis S 240,–
●●●● Preisgruppe über DM 30,– bis DM 50,– S 241,– bis S 400,–
●●●●● Preisgruppe über DM 50,–/S 401,–
*(unverbindliche Preisempfehlung)

Die Preise entsprechen dem Status beim Druck dieses Verzeichnisses (s. Seite 1) – Änderungen, im besonderen der Preise, vorbehalten –

FALKEN

Bodybuilding
Anleitung zum Muskel- und Konditionstraining für sie und ihn. (0604) Von R. Smolana. 160 S., 171 s/w-Fotos, kart. ●

Hanteltraining zu Hause
(0800) Von W. Kieser, 80 S., 71 s/w-Fotos, 4 Zeichnungen, kart. ●

Fit und gesund
Körpertraining und Bodybuilding zu Hause. (0782) Von H. Schulz, 80 S., 100 Farbfotos, 3 Zeichnungen, kart. ●●

Videokassette
Fit und gesund
(6013) VHS, Laufzeit 30 Minuten, in Farbe. ●●●●*

Bodybuilding für Frauen
Wege zu Ihrer Idealfigur (0661) Von H. Schulz, 108 S., 84 s/w-Fotos, 4 Zeichnungen, kart. ●●

Bodyshaping · Bodybuilding
Mit Anja Albrecht zur Idealfigur. (4405) Von A. Albrecht, 128 S., 164 Farbfotos, 4 s/w-Fotos, 1 Farb- und 1 s/w-Zeichnung, Pappband. ●●●●

Optimale Ernährung
für Krafttraining und Budybuilding. (0912) Von B. Dahmen, 88 S., 8 Farbtafeln, 8 Zeichnungen, kart. ●

Top-Form im Sport
Ernährungs-Training
Das Erfolgsprogramm für den Ausdauersportler. (0945) Von M. Inzinger, Dipl.-Oec. troph. G. Wagner, 160 S., 31 Farbzeichnungen, 16 Grafiken, kart. ●●

Gesund und leistungsfähig durch
Konditionsübungen, Fitneßtraining, Wirbelsäulengymnastik
(0844) Von R. Milser, K. Grafe, 104 S., 99 Farbfotos, 12 Farbzeichnungen, 5 s/w-Zeichnungen, kart. ●●

Stretching
Mit Dehnungsgymnastik zu Entspannung. Geschmeidigkeit und Wohlbefinden. (0717) Von H. Schulz, 80 S. 90 s/w-Fotos, kart. ●

Isometrisches Training
Übungen für Muskelkraft und Entspannung. (0529) Von L. M. Kirsch, 140 S., 162 s/w-Fotos, kart. ●

Gesund und fit durch Gymnastik
(0366) Von H. Pilss-Samek, 132 S., 150 Abb., kart. ●

Spaß am Laufen
Jogging für die Gesundheit. (0470) Von W. Sonntag, 140 S., 41 s/w-Fotos, 1 Zeichnung, kart. ●

Mein bester Freund, der Fußball
(5107) Von D. Brüggemann, D. Albrecht, 144 S., 171 Abb., kart. ●●

Fußball
Training und Wettkampf. (0448) Von H. Obermann, P. Walz, 166 S., 92 s/w-Fotos, 15 Zeichnungen, 29 Diagramme, kart. ●●

Handball
Technik · Taktik · Regeln. (0426) Von F. und P. Hattig, 128 S., 91 s/w-Fotos, 121 Zeichnungen, kart. ●●

Volleyball
Technik · Taktik · Regeln. (0351) Von H. Huhle, 104 S., 330 Abb., kart. ●

Badminton
Technik · Taktik · Training. (0699) Von K. Fuchs, L. Sologub, 168 S., 51 Abb., kart., ●●

Die neue Tennis-Praxis
Der individuelle Weg zu erfolgreichem Spiel. (4097) Von R. Schönborn, 240 S., 202 Farbzeichnungen, 31 s/w-Abb., Pappband. ●●●●

Erfolgreiche Tennis-Taktik
(4086) Von R. Ford Greene, übersetzt von M. R. Fischer, 182 S., 87 Abb., kart. ●●

Moderne Tennistechnik
(4187) Von G. Lam, 192 S., 339 s/w-Fotos, 91 Zeichnungen, kart. ●●●

Tennis
Technik · Taktik · Regeln. (0375) Von H. Elschenbroich, 112 S., 81 Abb., kart. ●

Tischtennis-Technik
Der individuelle Weg zu erfolgreichem Spiel. (0775) Von M. Perger, 144 S., 296 Abb. kart. ●●

Squash
Ausrüstung · Technik · Regeln. (0539) Von D. von Horn, H.-D. Stünitz, 96 S., 55 s/w-Fotos, 25 Zeichnungen, kart. ●

Golf
Ausrüstung · Technik · Regeln. (0343) Von J. C. Jessop, übersetzt von H. Biemer, mit einem Vorwort von H. Krings, Präsident des Deutschen Golf-Verbandes, 160 S., 65 Abb., Anhang Golfregeln des DGV, kart. ●●

Pool-Billard
(0484) Herausgegeben vom Deutschen Pool- Billard-Bund, von M. Bach, K.-W. Kühn, 104 S., mit über 64 Abb., kart. ●

Sportschießen
für jedermann. (0502) Von A. Kovacic, 124 S., 116 s/w-Fotos, kart. ●●

Fechten
Florett · Degen · Säbel. (0449) Von E. Beck, 88 S., 185 Fotos, 10 Zeichnungen, kart. ●●

Wir lernen tanzen
Standard- und lateinamerikanische Tänze. (0200) Von E. Fern, 168 S., 118 s/w-Fotos, 47 Zeichnungen, kart. ●

So tanzt man Rock'n'Roll
Grundschritte · Figuren · Akrobatik. (0573) Von W. Steuer und G. Marz, 224 S., 303 Abb., kart. ●●

Tanzen überall
Discofox, Rock'n'Roll, Blues, Langsamer Walzer, Cha-Cha-Cha zum Selberlernen. (0760) Von H. M. Pritzer, 112 S., 128 Farbfotos, kart. ●●

Anmutig und fit durch
Bauchtanz
(0911) Von Marta, 120 S., 229 Farbfotos, 6 s/w-Zeichnungen, kart. ●●

Fit mit **Stretching**
(2304) Von B. Kurz, 96 S., 255 Farbfotos, kart. ●●

Fit mit **Tai Chi**
als sanfte Körpererfahrung
(2305) Von B. u. K. Moegling, 112 S., 121 Farbfotos, 6 Farb- u. 4 s/w-Zeichnungen, kart. ●●

Fit mit **Volleyball**
(2302) Von Dr. A. Scherer, 104 S., 27 Farb- und 1 s/w-Foto, 12 Farb- und 29 s/w-Zeichnungen, kart. ●●

Fit mit **Tanzen**
(2303) Von K. Richter, H. Kleinow, 88 S., 94 Farbfotos, kart. ●●

Fit mit **Karate**
(2308) Von A. Pflüger, 96 S., 134 Farbfotos, 4 s/w-Zeichnungen, kart. ●●

Funboard-Surfen
Material · Technik · Regatten · Internationale Reviere. (4297) Von J. Evans, 144 S., 106 Farbfotos, 9 Farbzeichnungen, 68 zweifarbige und 5 s/w-Zeichnungen, kart. ●●●

Segeln
Der neue Grundschein – Vorstufe zum A-Schein – Mit Prüfungsfragen. (5147) Von C. Schmidt, 80 S., 8 Farbtafeln, 18 Farbfotos, 82 Zeichnungen, kart., ●●

Falken-Handbuch
Angeln
in Binnengewässern und im Meer. (4090) Von H. Oppel, 344 S., 24 Farbtafeln, 66 s/w-Fotos, 151 Zeichnungen, gebunden. ●●●●

Angeln
Kleine Fibel für den Sportfischer. (0198) Von E. Bondick, 96 S., 116 Abb., kart. ●

Sportfischen
Fische – Geräte – Techniken. (0324) Von H. Oppel, 144 S., 49 s/w-Fotos, 8 Farbtafeln, kart. ●

Sporttauchen
Theorie und Praxis des Gerätetauchens. (0647) Von S. Müßig, 144 S., 8 Farbtafeln, 35 s/w-Fotos, 89 Zeichnungen, kart. ●●

Ski-Gymnastik
Fit für Piste und Loipe. (0450) Von H. Pilss-Samek, 104 S., 67 s/w-Fotos, 20 Zeichnungen, kart. ●

Alpiner Skisport
Ausrüstung · Techniken · Skigymnastik. (5130) Von K. Meßmann, 128 S., 8 Farbtafeln, 93 s/ w-Fotos, 45 Zeichnungen, kart. ●●

Skilanglauf, Skiwandern
Ausrüstung · Techniken · Skigymnastik. (5129) Von T. Reiter und R. Kerler, 80 S., 8 Farbtafeln, 85 Zeichnungen und s/w-Fotos, kart. ●●

Eishockey
Lauf- und Stocktechnik, Körperspiel, Taktik, Ausrüstung und Regeln. (0414) Von J. Čapla, 264 S., 548 s/w-Fotos, 163 Zeichnungen, kart. ●●

Fibel für Kegelfreunde
Sport- und Freizeitkegeln · Bowling. (0191) Von G. Bocsai, 72 S., 62 Abb., kart. ●

Beliebte und neue Kegelspiele
(0271) Von G. Bocsai, 92 S., 62 Abb., kart. ●

111 spannende Kegelspiele
(2031) Von H. Regulski, 88 S., 53 Zeichnungen, kart., ●

Schach

Einführung in das Schachspiel
(0104) Von W. Wollenschläger und K. Colditz, 92 S., 116 Diagramme, kart. ●

Falken-Handbuch **Schach**
(4051) Von T. Schuster, 360 S., über 340 Diagramme, gebunden. ●●●●

Spielend Schach lernen
(2002) Von T. Schuster, 128 S., kart. ●

Kinder- und Jugendschach
Offizielles Lehrbuch des Deutschen Schachbundes zur Erringung der Bauern-, Turm- und Königsdiplome. (0561) Von B. J. Withuis, H. Pfleger, 144 S., 220 Zeichnungen und Diagramme, kart. ●●

Neue Schacheröffnungen
(0478) Von T. Schuster, 108 S., 100 Diagramme, kart. ●

Die hier vorgestellten Bücher, Videokassetten und Software sind in folgende Preisgruppen unterteilt:

● Preisgruppe bis DM 10,–/S 79,–
●● Preisgruppe über DM 10,– bis DM 20,– S 80,– bis S 160,–
●●● Preisgruppe über DM 20,– bis DM 30,– S 161,– bis S 240,–
●●●● Preisgruppe über DM 30,– bis DM 50,– S 241,– bis S 400,–
●●●●● Preisgruppe über DM 50,–/S 401,–
*(unverbindliche Preisempfehlung)

Die Preise entsprechen dem Status beim Druck dieses Verzeichnisses (s. Seite 1) – Änderungen, im besonderen der Preise, vorbehalten –

Schach für Fortgeschrittene
Taktik und Probleme des Schachspiels. (0219) Von R. Teschner, 96 S., 85 Diagramme, kart. ●

Taktische Schachendspiele
(0752) Von J. Nunn, 200 S., 151 Diagramme, kart. ●●

Die Schach-Revanche
Kasparow/Karpow 1986. (0831) Von O. Borik, H. Pfleger, M. Kipp-Thomas, 144 S., 19 s/w-Fotos, 72 Diagramme, kart. ●●

Schachstrategie
Ein Intensivkurs mit Übungen und ausführlichen Lösungen. (0584) Von A. Koblenz, dt. Bearb. von K. Colditz, 212 S., 240 Diagramme, kart. ●●

Schachtraining mit den Großmeistern
(0670) Von H. Bouwmeester, 128 S., 90 Diagramme, kart. ●●

Schach als Kampf
Meine Spiele und mein Weg. (0729) Von G. Kasparow, 144 S., 95 Diagramme, 9 s/w-Fotos, kart. ●●

Helmut Pflegers
Schachkabinett
Amüsante Aufgaben – überraschende Lösungen. (0877) Von H. Pfleger, 160 S., 118 Diagramme, kart. ●●

Die besten Partien deutscher Schachgroßmeister
(4121) Von H. Pfleger, 192 S., 29 s/w-Fotos, 89 Diagramme, Pappband. ●●●

Lehr-, Übungs- und Testbuch der Schachkombinationen
(0649) Von K. Colditz, 184 S., 227 Diagramme, kart. ●●

Die hohe Schule der
Schachkombination
(0920) Von W. Golz, P. Keres, 272 S., 322 Diagramme, Pappband. ●●

Offizielles Lehrbuch des Deutschen Schachbundes
Das systematische Schachtraining
Trainingsmethoden, Strategien und Kombinationen. (0857) Von Sergiu Samarian, 152 S., 159 Diagramme, 1 Zeichnung, kart. ●●

So denkt ein Schachmeister
Strategische und taktische Analysen. (0915) Von H. Pfleger, G. Treppner, 120 S., 75 Diagramme, kart. ●●

FALKEN-SOFTWARE
Das komplette Schachprogramm
Spielen, Trainieren, Problemlösen mit dem Computer. (7006) Von J. Egger, Diskette für C 64, C 128 PC, mit Begleitheft. ●●●●●*

Zug um Zug
Schach für jedermann 1
Offizielles Lehrbuch des Deutschen Schachbundes zur Erringung des Bauerndiploms. (0648) Von H. Pfleger, E. Kurz, 80 S., 24 s/w-Fotos, 8 Zeichnungen, 60 Diagramme, kart. ●

Zug um Zug
Schach für jedermann 2
Offizielles Lehrbuch des Deutschen Schachbundes zur Erringung des Turmdiploms. (0659) Von H. Pfleger, E. Kurz, 132 S., 8 s/w-Fotos, 14 Zeichnungen, 78 Diagramme, kart. ●

Zug um Zug
Schach für jedermann 3
Offizielles Lehrbuch des Deutschen Schachbundes zur Erringung des Königdiploms. (0728) Von H. Pfleger, G. Treppner, 128 S., 4 s/w-Fotos, 84 Diagramme, 10 Zeichnungen, kart. ●

Zug um Zug
Schach für jedermann 1
(7015) Wendediskette für C 64/C 128 PC, mit Begleitheft. ●●●●*
(7005) Wendediskette für Atari ST 520/1040, mit Begleitheft. ●●●●●*

Schach mit dem Computer
(0747) Von D. Frickenschmidt, 140 S., 112 Diagramme, 29 s/w-Fotos, 5 Zeichnungen, kart. ●●

Spiele und Denksport

Kartenspiele
(2001) Von C. D. Grupp, 144 S., kart. ●

Neues Buch der siebzehn und vier Kartenspiele
(0095) Von K. Lichtwitz, 96 S., kart. ●

Alles über Pokern
Regeln und Tricks. (2024) Von C. D. Grupp, 112 S., 29 Kartenbilder, kart. ●

Rommé und Canasta
in allen Variationen. (2025) Von C. D. Grupp, 124 S., 24 Zeichnungen, kart., ●

Schafkopf, Doppelkopf, Binokel, Cego, Gaigel, Jaß, Tarock und andere „Lokalspiele".
(2015) Von C. D. Grupp, 152 S., kart. ●●

Spielend Skat lernen
unter freundlicher Mitarbeit des Deutschen Skatverbandes. (2005) Von Th. Krüger, 156 S., 181 s/w-Fotos, 22 Zeichnungen, kart. ●

Das Skatspiel
Eine Fibel für Anfänger. (0206) Von K. Lehnhoff, überarb. von P. A. Höfges, 96 S., kart. ●

Black Jack
Regeln und Strategien des Kasinospiels. (2032) Von K. Kelbratowski, 88 S., kart. ●

Falken-Handbuch **Patiencen**
Die 111 interessantesten Auslagen. (4151) Von U. v. Lyncker, 216 S., 108 Abbildungen, Pappband. ●●●

Patiencen
in Wort und Bild. (2003) Von I. Wolter, 136 S., kart. ●

Neue Patiencen
(2036) Von H. Sosna, 160 S., 43 Farbtafeln, kart. ●●

Falken-Handbuch **Bridge**
Von den Grundregeln zum Turnierspiel. (4092) Von W. Voigt und K. Ritz, 280 S., 792 Zeichnungen, gebunden. ●●●●

Spielend Bridge lernen
(2012) Von J. Weiss, 108 S., 58 Zeichnungen, kart. ●

Spieltechnik im Bridge
(2004) Von V. Mollo und N. Gardener, deutsche Adaption von D. Schröder, 216 S., kart. ●●

Besser Bridge spielen
Reiztechnik, Spielverlauf und Gegenspiel. (2026) Von J. Weiss, 144 S., 60 Diagramme, kart. ●●

Herausforderung im Bridge
200 Aufgaben mit Lösungen. (2033) Von V. Mollo, 152 S., kart. ●●

Präzisions-Treff im Bridge
(2037) Von E. Jannersten, 152 S., kart. ●●

Kartentricks
(2010) Von T. A. Rosee, 80 S., 13 Zeichnungen, kart. ●

Mah-Jongg
Das chinesische Glücks-, Kombinations- und Gesellschaftsspiel. (2030) Von U. Eschenbach, 80 S., 30 s/w-Fotos, 5 Zeichnungen, kart. ●

Neue Kartentricks
(2027) Von K. Pankow, 104 S., 20 Abb., kart. ●

Backgammon
für Anfänger und Könner. (2008) Von G. W. Fink und G. Fuchs, 116 S., 41 Abb., kart. ●

Würfelspiele
für jung und alt. (2007) Von F. Pruss, 112 S., 21 s/w-Zeichnungen, kart. ●

Gesellschaftsspiele
für drinnen und draußen. (2006) Von H. Görz, 128 S., kart. ●

Spiele für Party und Familie
(2014) Von Rudi Carrell, 160 S., 50 Abb., kart. ●

Das japanische Brettspiel Go
(2020) Von W. Dörholt, 104 S., 182 Diagramme, kart. ●

Roulette richtig gespielt
Systemspiele, die Vermögen brachten. (0121) Von M. Jung, 96 S., zahlreiche Tabellen, kart. ●

Spielend Roulette lernen
(2034) Von E. P. Caspar, 152 S., 1 s/w-Foto, 45 Zeichnungen, kart. ●●

Gesellschaftsspiele
für drinnen und draußen. (2006) Von H. Görz, 128 S., kart. ●

Spiele für Party und Familie
(2014) Von Rudi Carrel, 160 S., 50 Abb. kart. ●

Neue Spiele für Ihre Party
(2022) Von G. Blechner, 120 S., 54 Zeichnungen, kart. ●

Lustige Tanzspiele und Scherztänze
für Partys und Feste. (0165) Von E. Bäulke, 80 S., 53 Abb., kart. ●

Straßenfeste, Flohmärkte und Basare
Praktische Tips für Organisation und Durchführung. (0592) Von H. Schuster, 96 S., 52 Fotos, 17 Zeichnungen, kart. ●●

Zaubertricks für jedermann
(0282) Von J. Merlin, 176 S., 113 Abb., kart. ●●

Zaubern
einfach - aber verblüffend. (2018) Von D. Bouch, 84 S., 41 Zeichnungen, kart. ●

Magische Zaubereien
(0672) Von Widenmann, 64 S., 31 Zeichnungen, kart. ●

Kinderspiele
die Spaß machen. (2009) Von H. Müller-Stein, 112 S., 28 Abb., kart. ●

Spiele für Kleinkinder
(2011) Von D. Kellermann, 80 S., 23 Abb., kart. ●

Spiel und Spaß am Krankenbett
für Kinder und die ganze Familie. (2035) Von H. Bücken, 104 S., 97 Zeichnungen, kart. ●

Die hier vorgestellten Bücher, Videokassetten und Software sind in folgende Preisgruppen unterteilt:

● Preisgruppe bis DM 10,–/S 79,–
●● Preisgruppe über DM 10,– bis DM 20,– S 80,– bis S 160,–
●●● Preisgruppe über DM 20,– bis DM 30,– S 161,– bis S 240,–
●●●● Preisgruppe über DM 30,– bis DM 50,– S 241,– bis S 400,–
●●●●● Preisgruppe über DM 50,–/S 401,–
*(unverbindliche Preisempfehlung)

Die Preise entsprechen dem Status beim Druck dieses Verzeichnisses (s. Seite 1) – Änderungen, im besonderen der Preise, vorbehalten –

FALKEN

Kasperletheater
Spieltexte und Spielanleitungen · Basteltips für Theater und Puppen. (0641) Von U. Lietz, 136 S., 4 Farbtafeln, 12 s/w-Fotos, 39 Zeichnungen, kart. ●

Knobeleien und Denksport
(2019) Von K. Rechberger, 142 S., 105 Zeichnungen, kart. ●

Das Geheimnis der magischen Ringe
Alles über das Puzzle vom Würfel-Erfinder. Die schönsten Figuren. (0878) Von Dr. Ch. Bandelow, 96 S., 198 Zeichnungen, 8 Cartoons, kart. ●

Quiz
Mehr als 1500 ernste und heitere Fragen aus allen Gebieten. (0129) Von R. Sautter und W. Pröve, 92 S., 9 Zeichnungen, kart. ●

500 Rätsel selberraten
(0681) Von E. Krüger, 272 S., kart. ●

501 Rätsel selberraten
(0711) Von E. Krüger, 272 S., kart. ●

Riesen-Kreuzwort-Rätsel-Lexikon
über 250.000 Begriffe. (4197) Von H. Schiefelbein, 1024 S., Pappband. ●●●

Das Super-Kreuzwort-Rätsel-Lexikon
Über 150.000 Begriffe. (4279) Von H. Schiefelbein, 688 S., Pappband. ●●

Guten Tag, Kinder!
Neue Texte mit Spielanleitungen fürs Kasperletheater. (0861) Von U. Lietz, 96 S., 18 s/w-Zeichnungen, kart. ●

Kindergeburtstag
Vorbereitung, Spiel und Spaß. (0287) Von Dr. I. Obrig, 136 S., 40 Abb., 11 Zeichnungen, 9 Lieder mit Noten, kart. ●

Kindergeburtstage die keiner vergißt
Planung, Gestaltung, Spielvorschläge. (0698) Von G. und G. Zimmermann, 102 S., 80 Vignetten, kart. ●

Kinderfeste
daheim und in Gruppen. (4033) Von G. Blechner, 240 S., 320 Abb., kart. ●●

Scherzfragen, Drudel und Blödeleien
gesammelt von Kindern. (0506) Hrsg. von W. Pröve, 112 S., 57 Zeichnungen, kart. ●

Humor und Unterhaltung

Heitere Vorträge und witzige Reden
Lachen, Witz und gute Laune. (0149) Von E. Müller, 104 S., 44 Abb., kart. ●

Heitere Vorträge
(0528) Von E. Müller, 128 S., 14 Zeichnungen, kart. ●

Die große Lachparade
Neue Texte für heitere Vorträge und Ansagen. (0188) Von E. Müller, 80 S., kart. ●

So feiert man Feste fröhlicher
Heitere Vorträge und Gedichte. (0098) Von Dr. Allos, 96 S., 15 Abb., kart. ●

Lustige Vorträge für fröhliche Feiern
(0284) Von K. Lehnhoff, 96 S., kart. ●

Vergnügliches Vortragsbuch
(0091) Von J. Plaut, 192 S., kart. ●

Humor und Stimmung
Ein heiteres Vortragsbuch. (0460) Von G. Wagner, 112 S., kart. ●

Humor und gute Laune
Ein heiteres Vortragsbuch. (0635) Von G. Wagner, 112 S., 5 Zeichnungen, kart. ●

Gereimte Vorträge
für Bühne und Bütt. (0567) Von G. Wagner, 96 S., kart. ●

Damen in der Bütt
Scherze, Büttenreden, Sketsche. (0354) Von T. Müller, 136 S., kart. ●

Narren in der Bütt
Leckerbissen aus dem rheinischen Karneval. (0216) Zusammengestellt von T. Lücker, 112 S., kart. ●

Rings um den Karneval
Karnevalsscherze und Büttenreden. (0130) Von Dr. Allos, 144 S., 2 Zeichnungen, kart. ●●

Helau und Alaaf 1
Närrisches aus der Bütt. (0304) Von E. Müller, 112 S., 4 Zeichnungen, kart. ●

Helau und Alaaf 2
Neue Büttenreden. (0477) Von E. Luft, 104 S., kart. ●

Helau und Alaaf 3
Neue Reden für die Bütt. (0832) Von H. Fauser, 144 S., 13 Zeichnungen, kart. ●

Wir feiern Karneval
Festgestaltung und Reden für die närrische Zeit. (0904) Von M. Zweigler, 120 S., 4 Zeichnungen, kart. ●

Tolle Sketche
mit zündenden Pointen – zum Nachspielen. (0656) Von E. Cohrs, 112 S., kart. ●

Vergnügliche Sketche
(0476) Von H. Pillau, 96 S., 7 Zeichnungen, kart. ●

Fidele Sketche und heitere Vorträge
Humor zum Nachspielen. (0157) Von H. Ehnle. 96 S., kart. ●

Vorhang auf!
Neue Sketche für jung und alt. (0898) Von H. Pillau, 96 S., 22 Zeichnungen, kart. ●

Sketche und spielbare Witze
für bunte Abende und andere Feste. (0445) Von H. Friedrich, 120 S., 7 Zeichnungen, kart. ●

Sketche
Kurzspiele zu amüsanter Unterhaltung. (0247) Von M. Gering, 132 S., 16 Abb., kart., ●

Witzige Sketche zum Nachspielen
(0511) Von D. Hallervorden, 160 S., kart. ●●

Sketche und Blackouts zum Nachspielen
(0941) Von E. Cohrs, 112 S., 12 Zeichnungen, kart. ●

Locker vom Hocker
Witzige Sketche zum Nachspielen. (4262) Von W. Giller, 144 S., 41 Zeichnungen, Pappband. ●●

Phantasievolles Schminken
Verzauberte Gesichter für Maskeraden, Laienspiel und Kinderfeste. (0907) Hrsg. von Y. u. H. Nadolny, 64 S., 227 Farbfotos, kart. ●●

Die Kleidermotte ernährt sich von nichts, sie frißt nur Löcher
Stilblüten, Sprüche und Widersprüche aus Schule, Zeitung, Rundfunk und Fernsehen. (0738) Von P. Haas, D. Kroppach, 112 S., zahlreiche Abb. kart. ●

Da lacht das Publikum
Neue lustige Vorträge für viele Gelegenheiten. (0716) Von H. Schmalenbach, 104 S., kart. ●

Witzig, witzig
(0507) Von E. Müller, 128 S., 16 Zeichnungen, kart. ●

Die besten Witze und Cartoons des Jahres 1
(0454) Hrsg. von K. Hartmann, 288 S., 125 Zeichnungen, geb. ●●

Die besten Witze und Cartoons des Jahres 4
(0579) Hrsg. von K. Hartmann, 288 S., 140 Zeichnungen, Pappband. ●●

Die besten Witze und Cartoons des Jahres 5
(0642) Hrsg. von K. Hartmann, 288 S., 88 Zeichnungen, Pappband. ●●

Die besten Witze und Cartoons des Jahres 6
(0916) Hrsg. von D. Kroppach, 288 S., 84 Zeichnungen, Pappband. ●●

Das Superbuch der Witze
(4146) Von B. Bornheim, 504 S., 54 Cartoons, Pappband. ●●

Witze
Lachen am laufenden Band (4241) Von J. Burkert, D. Kroppach, 400 S., 41 Zeichnungen, Pappband. ●●

Heller Wahnwitz
(0887) Von D. Kroppach, 220 S., 200 Vignetten, kart. ●

Spaßvögel
Über sexhundert komische Nummern. (0888) Von E. Zeller, mit Limericks von W. Müller, 220 S., 200 Vignetten, kart. ●

Total bescheuert
Kinder- und Schülerwitze. (0889) Von G. Geßner und E. Zeller, 220 S., 200 Vignetten, kart. ●

Die besten Beamtenwitze
(0574) Hrsg. von W. Pröve, 112 S., 59 Cartoons, kart. ●

Die besten Kalauer
(0705) Von K. Frank, 112 S., 12 Zeichnungen, kart., ●

Robert Lembkes Witzauslese
(0325) Von Robert Lembke, 160 S., 10 Zeichnungen von E. Köhler, Pappband. ●●

Fred Metzlers Witze mit Pfiff
(0368) Von F. Metzler, 112 S., kart. ●

O frivol ist mir am Abend
Pikante Witze von Fred Metzler. (0388) Von F. Metzler, 128 S., mit Karikaturen, kart. ●

Herrenwitze
(0589) Von G. Wilhelm, 112 S., 31 Zeichnungen, kart. ●

Witze am laufenden Band
(0461) Von F. Asmussen, 118 S., kart. ●

Horror zum Totlachen
Gruselwitze
(0536) Von F. Lautenschläger, 96 S., 44 Zeichnungen, kart. ●

Die besten Ostfriesenwitze
(0495) Hrsg. von O. Freese, 80 S., 15 Zeichnungen, kart. ●

Olympische Witze
Sportlerwitze in Wort und Bild. (0505) Von W. Willnat, 112 S., 126 Zeichnungen, kart. ●

Ich lach mich kaputt! Die besten Kinderwitze
(0545) Von E. Hannemann, 128 S., 15 Zeichnungen, kart. ●

Die hier vorgestellten Bücher, Videokassetten und Software sind in folgende Preisgruppen unterteilt:

● Preisgruppe bis DM 10,–/S 79,–
●● Preisgruppe über DM 10,– bis DM 20,– S 80,– bis S 160,–
●●● Preisgruppe über DM 20,– bis DM 30,– S 161,– bis S 240,–
●●●● Preisgruppe über DM 30,– bis DM 50,– S 241,– bis S 400,–
●●●●● Preisgruppe über DM 50,–/S 401,–
*(unverbindliche Preisempfehlung)

Die Preise entsprechen dem Status beim Druck dieses Verzeichnisses (s. Seite 1) – Änderungen, im besonderen der Preise, vorbehalten –

FALKEN

Lach mit!
Witze für Kinder, gesammelt von Kindern. (0468) Hrsg. von W. Pröve, 96 S., 17 Zeichnungen, kart. ●

Die besten Kinderwitze
(0757) Von K. Rank, 112 S., 28 Zeichnungen, kart. ●

Lustige Sketche für Jungen und Mädchen
Kurze Theaterstücke für Jungen und Mädchen. (0669) Von U. Lietz und U. Lange, 104 S., kart. ●

Spielbare Witze für Kinder
(0824) Von H. Schmalenbach, 128 S., 30 Zeichnungen, kart. ●

Garten, Tiere, Umwelt

Garten heute
Der moderne Ratgeber · Über 1000 Farbbilder. (4283) Von H. Jantra, 384 S., über 1000 Farbabbildungen, Pappband. ●●●●

Das Gartenjahr
Arbeitsplan für den Hobbygärtner. (4075) Von G. Bambach, 152 S., 16 Farbtafeln, 141 Abb., kart. ●●

Gärtner Gustavs Gartenkalender
Arbeitspläne · Pflanzenporträts · Gartenlexikon. (4155) Von G. Schoser, 120 S., 146 Farbfotos, 13 Tabellen, 203 farbige Zeichnungen, Pappband. ●●●

Der richtige Schnitt von Obst- und Ziergehölzen, Rosen und Hecken
(0619) Von E. Zettl, 88 S., 8 Farbtafeln, 39 Zeichnungen, 21 s/w-Fotos, kart. ●

Blumenpracht im Garten
(5014) Von I. Manz, 64 S., 93 Farbfotos, Pappband. ●●

Blütenpracht in Haus und Garten
(4145) Von M. Haberer, u. a., 352 S., 1012 Farbfotos, Pappband. ●●●●

Sag's mit Blumen
Pflege und Arrangieren von Schnittblumen. (5103) Von P. Möhring, 64 S., 68 Farbfotos, 2 s/w-Abb., Pappband. ●●

Grabgestaltung
Bepflanzung und Pflege zu jeder Jahreszeit. (5120) Von N. Uhl, 64 S., 77 Farbfotos, 2 Zeichnungen, Pappband. ●●

Wintergärten
Das Erlebnis, mit der Natur zu wohnen. Planen, Bauen und Gestalten. (4256) Von LOG, ID, 136 S., 130 Farbfotos, 107 Zeichnungen, Pappband. ●●●●

Häuser in lebendigem Grün
Fassaden und Dächer mit Pflanzen gestalten. (0846) Von U. Mehl, K. Werk, 88 S., 116 Farbfotos, 4 Farb- und 17 s/w-Zeichnungen, kart. ●●

Rund ums Jahr erfolgreich gärtnern
Gewächshäuser
planen · bauen · einrichten · nutzen. (4408) Von Dr. G. Schoser, J. Wolff, 232 S., 315 Farbfotos, 5 s/w-Fotos, 53 Farbzeichnungen, Pappband. ●●●●●

Gartenteiche und Wasserspiele
planen, anlegen und pflegen. (4083) Von H. R. Sikora, 160 S., 31 Farb- und 31 s/w-Fotos, 73 Zeichnungen, Pappband. ●●●

Wasser im Garten
Von der Vogeltränke zum Naturteich – Natürliche Lebensräume selbst gestalten. (4230) Von H. Hendel, P. Keßeler, 240 S., 247 Farbfotos, 68 Farbzeichnungen, Pappband. ●●●●●

Mein kleiner Gartenteich
planen – anlegen – pflegen (0851) Von I. Polaschek, 144 S., 85 Farbfotos, 10 Farbzeichnungen, kart. ●●

Leben im Naturgarten
Der Biogärtner und seine gesunde Umwelt. (4124) Von N. Jorek, 128 S., 68 s/w-Fotos, kart. ●●

So wird mein Garten zum Biogarten
Alles über die Umstellung auf naturgemäßen Anbau. (0706) Von I. Gabriel, 128 S., 73 Farbfotos, 54 Farbzeichnungen, kart. ●●

Gesunde Pflanzen im Biogarten
Biologische Maßnahmen bei Schädlingsbefall und Pflanzenkrankheiten. (0707) Von I. Gabriel, 128 S., 126 Farbfotos, 12 Farbzeichnungen, kart. ●●

Kosmische Einflüsse auf unsere Gartenpflanzen
Sterne beeinflussen Wachstum und Gesundheit der Pflanzen. (0708) Von I. Gabriel, 112 S., 57 Farbfotos, 43 Farbzeichnungen, kart. ●●

Der Biogarten unter Glas und Folie
Ganzjährig erfolgreich ernten. (0722) Von I. Gabriel, 128 S., 62 Farbfotos, 45 Farbzeichnungen, kart. ●●

Obst und Beeren im Biogarten
Gesunde und schmackhafte Früchte durch natürlichen Anbau. (0780)Von I. Gabriel, 128 S., 38 Farbfotos, 71 Farbzeichnungen, kart. ●●

Kräuter und Heilpflanzen im Biogarten
Gesunde Ernte durch natürlichen Anbau. (0929) Von I. Gabriel, 112 S., 63 Farbfotos, 19 Farbzeichnungen, kart. ●●

Neuanlage eines Biogartens
Planung, Bodenvorbeitung, Gestaltung. (0721) Von I. Gabriel, 128 S., 73 Farbfotos, 39 Zeichnungen, kart. ●●

Der biologische Zier- und Wohngarten
Planen, Vorbereiten, Bepflanzen und Pflegen. (0748) Von I. Gabriel, 128 S., 72 Farbfotos, 46 Farbzeichnungen, kart. ●●

Gemüse im Biogarten
Gesunde Ernte durch naturgemäßen Anbau (0830) Von I. Gabriel, 128 S., 26 Farbfotos, 86 Farbzeichnungen, kart. ●●

Erfolgreich gärtnern
durch naturgemäßen Anbau (4252) Von I. Gabriel, 416 S., 176 Farbfotos, 212 Farbzeichnungen, Pappband. ●●●

Das Bio-Gartenjahr
Arbeitsplan für naturgemäßes Gärtnern. (4169) Von N. Jorek, 128 S., 8 Farbtafeln, 70 s/w-Abb. kart. ●●

Selbstversorgung aus dem eigenen Anbau
Reichen Erntesegen verwerten und haltbar machen. (4182) Von M. Bustorf-Hirsch, M. Hirsch, 216 S., 270 Zeichnungen, Pappband. ●●●

Mischkultur im Nutzgarten
Mit Jahreskalender und Anbauplänen. (0651) Von H. Oppel, 112 S., 8 Farbtafeln, 23 s/w- Fotos, 29 Zeichnungen, kart. ●

Erfolgreich gärtnern mit
Frühbeet und Folie
(0828) Von Dr. Gustav Schoser, 88 S., 8 Farbtafeln, 46 s/w-Fotos, kart. ●

Erfolgstips für den Gemüsegarten
Mit naturgemäßem Anbau zu höherem Ertrag. (0674) Von F. Mühl, 80 S., 30 s/w-Fotos, 4 Zeichnungen, kart. ●

Erfolgstips für den Obstgarten
Gesunde Früchte durch richtige Sortenwahl und Pflege. (0827) Von F. Mühl, 184 S., 16 Farbtafeln, 33 Zeichnungen, kart. ●●

Erfolgstips für den Zierkarten
Schmuckpflanzen und Rasen richtig pflegen. (0930) Von F. Mühl, 156 S., 12 Farbtafeln, 26 s/w–Zeichnungen, kart. ●●

Gemüse, Kräuter, Obst aus dem Balkongarten – Erfolgreich ernten auf kleinstem Raum. (0694) Von S. Stein, 32 S., 34 Farbfotos, 6 Zeichnungen, Spiralbindung, kart. ●

Keime, Sprossen, Küchenkräuter
am Fenster ziehen – rund ums Jahr. (0658) Von F. und H. Jantzen, 32 S., 55 Farbfotos, Pappband. ●

Balkons in Blütenpracht
zu allen Jahreszeiten. (5047) Von N. Uhl, 64 S., 80 Farbfotos, Pappband. ●●

Kletterpflanzen
Rankende Begrünung für Fassade, Balkon und Garten. (5140) Von M. Haberer, 64 S., 70 Farbabb., 2 Zeichnungen, Pappband. ●●

Mein Kräutergarten rund ums Jahr
Täglich schnittfrisch und gesund würzen. (4192) Von Prof. Dr. G. Lysek, 136 S., 15 Farbtafeln, 91 Zeichnungen, kart. ●●

Blühende Zimmerpflanzen
94 Arten mit Pflegeanleitungen. (5010) Von R. Blaich, 64 S., 107 Farbfotos, Pappband. ●●

Prof. Stelzers grüne Sprechstunde
Gesunde Zimmerpflanzen
Krankheiten erkennen und behandeln · Mit neuem Diagnosesystem. (4274) Von Prof. Dr. G. Stelzer, 192 S., 410 Farbfotos, 10 s/w-Zeichnungen, Pappband. ●●●●

365 Erfolgstips für schöne Zimmerpflanzen
(0893) Von H. Jantra, 144 S., 215 Farbfotos, kart. ●●

Videokassette
Pflanzenjournal
Blumen- und Pflanzenpflege im Jahreslauf. (6036) VHS, ca. 30 Min., in Farbe, ●●●●*

Blütenpracht in Grolit 2000
Der neue, mühelose Weg zu farbenprächtigen Zimmerpflanzen. (5127) Von G. Vocke, 64 S., 50 Farbfotos, Pappband. ●●

Ziergräser
Über 100 Arten erfolgreich kultivieren. (0829) Von H. Jantra, 104 S., 73 Farbfotos, 6 Farbzeichnungen, kart. ●●

Bonsai
Japanische Miniaturbäume und Miniaturlandschaften. Anzucht, Gestaltung und Pflege. (4091) Von B. Lesniewicz, 160 S., 106 Farbfotos, 46 s/w-Fotos, 115 Zeichnungen, gebunden. ●●●●●

Zimmerbäume, Palmen und andere Blattpflanzen
Standort, Pflege, Vermehrung, Schädlinge. (5111) Von G. Schoser, 96 S., 98 Farbfotos, 7 Zeichnungen, Pappband. ●●

Die hier vorgestellten Bücher, Videokassetten und Software sind in folgende Preisgruppen unterteilt:

● Preisgruppe bis DM 10,–/S 79,–
●● Preisgruppe über DM 10,– bis DM 20,– S 80,– bis S 160,–
●●● Preisgruppe über DM 20,– bis DM 30,– S 161,– bis S 240,–
●●●● Preisgruppe über DM 30,– bis DM 50,– S 241,– bis S 400,–
●●●●● Preisgruppe über DM 50,–/S 401,–
*(unverbindliche Preisempfehlung)

Die Preise entsprechen dem Status beim Druck dieses Verzeichnisses (s. Seite 1) – Änderungen, im besonderen der Preise, vorbehalten –

FALKEN

Biologisch zimmergärtnern
Zier- und Nutzpflanzen natürlich pflegen. (4144) Von N. Jorek, 152 S., 15 Farbtafeln, 120 s/w-Fotos, Pappband. ●●

Zimmerpflanzen in Hydrokultur
Leitfaden für problemlose Blumenpflege. (0660) Von H.-A. Rotter, 32 S., 76 Farbfotos, 8 farbige Zeichnungen, Pappband. ●

Kakteen und andere Sukkulenten
300 Arten mit über 500 Farbfotos. (4116) Von G. Andersohn, 316 S., 520 Farbfotos, 193 Zeichnungen, Pappband. ●●●●

Fibel für Kakteenfreunde
(0199) Von H. Herold, 102 S., 23 Farbfotos, 37 s/w-Abb., kart. ●

Kakteen
Herkunft, Anzucht, Pflege, Arten. (5021) Von W. Hoffmann, 64 S., 70 Farbfotos, Pappband. ●●

Faszinierende Formen und Farben
Kakteen
(4211) Von K. und F. Schild, 96 S., 127 Farbfotos, Pappband. ●●●

Falken-Handbuch **Orchideen**
Lebensraum, Kultur, Anzucht und Pflege. (4231) Von G. Schoser, 144 S., 121 Farbfotos, 28 Farbzeichnungen, Pappband. ●●●

Vogelhäuschen, Nistkästen, Vogeltränken
mit Plänen und Anleitungen zum Selbstbau. (0695) Von J. Zech 32 S., 42 Farbfotos, 6 Zeichnungen, Pappband. ●

Falken-Handbuch
Umweltschutz
Das Öko-Testbuch zur Eigeninitiative. (4160) Von M. Häfner, 352 S., 411 Farbf., 152 Farbzeichnungen, Pappband. ●●●●

Pilze
erkennen und benennen. (0380) Von J. Raithelhuber, 136 S., 110 Farbfotos, kart. ●●

Falken-Handbuch **Pilze**
Mit über 250 Farbfotos und Rezepten. (4061) Von M. Knoop, 276 S., 250 Farbfotos, Pappband. ●●●●

Speisepilze aus eingener Zucht
Anbau · Pflege · Zubereitung
(0909) Von U. Groos, 72 S., 8 Farbtafeln, 16 s/w-Zeichnungen, kart. ●

Grizimek Juniors **BUNTE TIERWELT**
(4295) Von Chr. Grizimek, 208 S., 308 Farbfotos, Pappband. ●●●

Falken-Handbuch **Katzen**
(4158) Von B. Gerber, 176 S., 294 Farb- und 88 s/w-Fotos, Pappband. ●●●●

Katzen
Rassen · Haltung · Pflege. (4216) Von B. Eilert-Overbeck, 96 S., 82 Farbfotos, Pappband. ●●●

Das neue Katzenbuch
Rassen – Aufzucht – Pflege. (0427) Von B. Eilert-Overbeck, 136 S., 14 Farbfotos, 26 s/w-Fotos, kart. ●

Katzenkrankheiten
Erkennung und Behandlung. Steuerung des Sexualverhaltens. (0652) Von Dr. med. vet. R. Spangenberg, 176 S., 64 s/w-Fotos, 4 Zeichnungen, kart. ●

Falken-Handbuch **Hunde**
(4118) Von H. Bielfeld, 176 S., 222 Farb- und 73 s/w-Abb., Pappband. ●●●●

Hunde
Rassen · Erziehung · Haltung. (4209) Von H. Bielfeld, 96 S., 101 Farbfotos, Pappband. ●●●

Das neue Hundebuch
Rassen · Aufzucht · Pflege. (0009) Von W. Busack, überarbeitet von Dr. med. vet. A. H. Hacker und H. Bielfeld, 112 S., 8 Farbtafeln, 27 s/w-Fotos, 6 Zeichnungen, kart. ●

Falken-Handbuch
Der Deutsche Schäferhund
(4077) Von U. Förster, 228 S., 160 Abb., Pappband. ●●●

Der Deutsche Schäferhund
Aufzucht, Pflege und Ausbildung. (0073) Von A. Hacker, 104 S., 56 Abb., kart. ●

Dackel, Teckel, Dachshund
Aufzucht · Pflege · Ausbildung. (0508) Von M. Wein-Gysae, 112 S., 4 Farbtafeln, 43 s/w-Fotos, 2 Zeichnungen, kart. ●

Hundeausbildung
Verhalten – Gehorsam – Abrichtung. (0346) Von Prof. Dr. R. Menzel, 96 S., 18 Fotos, kart. ●

Grundausbildung für Gebrauchshunde
Schäferhund, Boxer, Rottweiler, Dobermann, Riesenschnauzer, Airedaleterrier, Hovawart und Bouvier. (0801) Von M. Schmidt und W. Koch, 104 S., 8 Farbtafeln, 51 s/w-Fotos, 5 s/w-Zeichnungen, kart. ●

Hundekrankheiten
Erkennung und Behandlung, Steuerung des Sexualverhaltens. (0570) Von Dr. med. vet. R. Spangenberg, 128 S., 68 s/w-Fotos, 10 Zeichnungen, kart. ●

Falken-Handbuch **Pferde**
(4186) Von H. Werner, 176 S., 196 Farb-und 50 s/w-Fotos, 100 Zeichnungen, Pappband. ●●●●

Wellensittiche
Arten · Haltung · Pflege · Sprechunterricht · Zucht. (5136) Von H. Bielfeld, 64 S., 59 Farbfotos, Pappband. ●●

Papageien und Sittiche
Arten · Pflege · Sprechunterricht. (0591) Von H. Bielfeld, 112 S., 8 Farbtafeln, kart. ●

Geflügelhaltung als Hobby
(0749) Von M. Baumeister, H. Meyer, 184 S., 8 Farbtafeln, 47 s/w-Fotos, 15 Zeichnungen, kart. ●●

Das Süßwasser-Aquarium
Einrichtung · Pflege · Fische · Pflanzen. (0153) Von H. J. Mayland, 152 S., 16 Farbtafeln, 43 s/w-Zeichnungen, kart. ●●

Falken-Handbuch
Süßwasser-Aquarium
(4191) Von H. J. Mayland, 288 S., 564 Farbfotos, 75 Zeichnungen, Pappband. ●●●●

DIE TIERSPRECHSTUNDE
Tiere im Wassergarten
(0808) Von Dr. med. vet. E. M. Bartenschlager, 96 S., 84 Farbfotos, 7 Zeichnungen, kart. ●

DIE TIERSPRECHSTUNDE
Sittiche und kleine Papageien
(0864) Von Dr. med. vet. E. M. Bartenschlager, 88 S., 84 Farbfotos, 9 Zeichnungen, kart. ●

DIE TIERSPRECHSTUNDE
Junge Katzen
(0862) Von Dr. med. vet. E. M. Bartenschlager, 72 S., 40 Farbfotos, 4 Farbzeichnungen, kart. ●

DIE TIERSPRECHSTUNDE
Alles über Igel in Natur und Garten
(0810) Von Dr. med. vet. E. M. Bartenschlager, 68 S., 51 Farbfotos, kart. ●

DIE TIERSPRECHSTUNDE
Alles über Meerschweinchen
(0809) Von Dr. med. vet. E. M. Bartenschlager, 72 S., 43 Farbfotos, 11 Farbzeichnungen, kart. ●

DIE TIERSPRECHSTUNDE
Alles über junge Hunde
(0863) Von Dr. med. vet. E. M. Bartenschlager, 64 S., 49 Farbfotos, 6 Zeichnungen, kart. ●

DIE TIERSPRECHSTUNDE
Richtige Hundeernährung
(0811) Von Dr. med. vet. E. M. Bartenschlager, 80 S., 51 Farbfotos, 4 Farbzeichnungen, kart. ●

Dinosaurier
und andere Tiere der Urzeit. (4219) Von G. Alschner, 96 S., 81 Farbzeichnungen, 4 Fotos, Pappband. ●●●

Mensch und Gesundheit

Die Frau als Hausärztin
Der unentbehrliche Ratgeber für die Gesundheit. (4072) Von Dr. med. A. Fischer-Dückelmann, 808 S., 14 Farbtafeln, 146 s/w-Fotos, 203 Zeichnungen, Pappband. ●●●

Dr. Reitners großes Gesundheitslexikon
Mit über 5000 Stichwörtern. (4282) Von Dr. med. H.-J. Lewitzka-Reitner, in Zusammenarbeit mit P. Janknecht und U. Kannapinn, 504 S., 424 s/w-Abbildungen, Pappband. ●●

Sexualberatung
(0402) Von Dr. M. Röhl, 168 S., 8 Farbtafeln, 17 Zeichnungen, Pappband. ●●

Die Kunst des Stillens
nach neuesten Erkenntnissen
(0701) Von Prof. Dr. med. E. Schmidt, S. Brunn, 112 S., 20 Fotos und Zeichnungen, kart. ●

Wenn Sie ein Kind bekommen
(4003) Von U. Klamroth, Dr. med. H. Oster, 240 S., 86 s/w-Fotos, 30 Zeichnungen, kart. ●●●

Der moderne Ratgeber
Wir werden Eltern
Schwangerschaft · Geburt · Erziehung des Kleinkindes. (4269) Von B. Nees-Delaval, 376 S., 335 zweifarbige Abbildungen, Pappband. ●●●●

Vorbereitung auf die Geburt
Schwangerschaftsgymnastik, Atmung, Rückbildungsgymnastik. (0251) Von S. Buchholz, 112 S., 98 s/w-Fotos, kart. ●

Wie soll es heißen?
(0211) Von D. Köhr, 136 S., kart. ●

Das Babybuch
Pflege · Ernährung · Entwicklung. (0531) Von A. Burkert, 128 S., 16 Farbtafeln, 38 s/w-Fotos, 30 Zeichnungen, kart. ●●

Wenn der Mensch zum Vater wird
Ein heiter-besinnlicher Ratgeber. (4259) Von D. Zimmer, 160 S., 20 Zeichnungen, Pappband. ●●

Wenn Kinder krank werden
Medizinischer Ratgeber für Eltern. (4240) Von Dr. med. I. J. Chasnoff, B. Nees-Delaval, 232 S., 163 Zeichnungen, Pappband. ●●●

Die hier vorgestellten Bücher, Videokassetten und Software sind in folgende Preisgruppen unterteilt:

● Preisgruppe bis DM 10,–/S 79,–
●● Preisgruppe über DM 10,– bis DM 20,– S 80,– bis S 160,–
●●● Preisgruppe über DM 20,– bis DM 30,– S 161,– bis S 240,–
●●●● Preisgruppe über DM 30,– bis DM 50,– S 241,– bis S 400,–
●●●●● Preisgruppe über DM 50,–/S 401,–
*(unverbindliche Preisempfehlung)

Die Preise entsprechen dem Status beim Druck dieses Verzeichnisses (s. Seite 1) – Änderungen, im besonderen der Preise, vorbehalten –

Psycho-Tests
– Erkennen Sich sich selbst. (0710) Von B. M. Nash, R. B. Monchick, 304 S., 81 Zeichnungen, kart. ●●

FALKEN-SOFTWARE
Ego-Tests
Sich und andere besser erkennen und verstehen. (7012) Diskette für IBM PC kompatible (MS DOS) mit Begleitheft. ●●●●●*

Frauenträume – Männerträume
und ihre Bedeutung. (4198) Von G. Senger, 272 S., mit Traumlexikon, Pappband. ●●●

Wie Sie im Schlaf das Leben meistern
Schöpferisch träumen
Der Klartraum als Lebenshilfe. (4258) Von Prof. D. P. Tholey, K. Utecht. 256 S., 1 s/w-Foto, 20 Zeichnungen, Pappband. ●●●

So deutet man Träume
Die Bildersprache des Unbewußten. (0444) Von G. Haddenbach, 160 S., Pappband. ●

Bildatlas des menschlichen Körpers
(4177) Von G. Pogliani, V. Vannini, 112 S., 402 Farbabb. 28 s/w-Fotos, Pappband. ●●●

Ratgeber Aids
Entstehung, Ansteckung, Krankheitsbilder, Heilungschancen, Schutzmaßnahmen. (0803) Von B. Baartman, Vorwort von Dr. med. H. Jäger, 112 S., 8 Farbtafeln, 4 Grafiken, kart. ●●

Enzyme
Vitalstoffe für die Gesundheit. (0677) Von G. Leibold, 96 S., kart. ●

Heilfasten
(0713) Von G. Leibold, 108 S., kart. ●

Besser leben durch Fasten
(0841) Von G. Leibold, 100 S., kart. ●

Fastenkuren
Wege zur gesunden Lebensführung. Rezepte und Tips für die Nachfastenzeit. Kurzfasten · Saftfastenkuren · Fastenschalttage · Heilfasten. (4248) Von Ha. A. Mehler, H. Keppler, 144 S., 16 s/w-Fotos, 9 Zeichnungen, Pappband. ●●●

Aus dem Schatz der Naturmedizin
Heilkräuterkuren
(4268) Von Dr. med. E. Rauch, Dr. rer. nat. P. Kruletz, 144 S., 49 Zeichnungen, kart. ●●

Rheuma behandeln und lindern
Mit einem Vorwort von Dr. med. Max-Otto-Bruker. (0836) Von G. Leibold, 100 S., kart. ●

Die echte Schroth-Kur
(0797) Von Dr. med. R. Schroth, 88 S., 2 s/w-Fotos, kart. ●

Streß bewältigen durch Entspannung
(0834) Von Dr. med. Chr. Schenk, 88 S., 29 Zeichnungen, kart. ●

Gesundheit und Spannkraft durch Yoga
(0321) Von L. Frank und U. Ebbers, 112 S., 50 s/w-Fotos, kart. ●

Yoga für jeden
(0341) Von K. Zebroff, 156 S., 135 Abb., Spiralbindung. ●●●

Yoga für Schwangere
Der Weg zur sanften Geburt. (0777) Von V. Bolesta-Hahn, 108 S., 76 zweifarbige Abb. kart. ●●

Yoga gegen Haltungsschäden und Rückenschmerzen
(0394) Von A. Raab, 104 S., 215 Abb., kart. ●

Bauch, Taille und Hüfte gezielt formen durch
Aktiv-Yoga
(0709) Von K. Zebroff, 112 S., 102 Farbfotos, kart. ●●

Hypnose und Autosuggestion
Methoden – Heilwirkungen – praktische Beispiele. (0483) Von G. Leibold, 120 S., 9 Illustrationen, kart. ●

Kneippkuren zu Hause
(0779) Von G. Leibold, 112 S., 25 Zeichnungen, kart. ●

Krebsangst und Krebs behandeln
Mit einem Vorwort von Prof. Dr. med. Friedrich Douwes. (0839) Von G. Leibold, 104 S., kart. ●

Allergien behandeln und lindern
Mit einem Vorwort von Prof. Dr. med. Axel Stemmann. (0840) Von G. Leibold, 104 S., 4 Zeichnungen, kart. ●

Besser sehen durch Augentraining
Ein Gesundheitsprogramm zur Verbesserung des Sehvermögens. (0914) Von K. Schutt, B. Rumpler, 96 S., 32 s/w-Zeichnungen, kart. ●

Darmleiden
Krankheitsbilder, Behandlung, Selbstbehandlung, Richtige Lebensführung und Ernährung. (0798) Von Dr. med. K. Steffens, 112 S., 46 Zeichnungen, kart. ●

Massage
(0750) Von B. Rumpler, K. Schutt, 112 S., 116 zweifarbige Zeichnungen, kart. ●●

Fußmassage
Reflexzonentherapie am Fuß (0714) Von G. Leibold, 96 S., 38 Zeichnungen, kart. ●

Rheuma und Gicht
Krankheitsbilder, Behandlung, Therapieverfahren, Selbstbehandlung, Richtige Lebensführung und Ernährung. (0712) Von Dr. J. Höder, J. Bandick, 104 S., kart. ●

Diabetes
Krankheitsbild, Therapie, Kontrollen, Schwangerschaft, Sport, Urlaub, Alltagsprobleme, Neueste Erkenntnisse der Diabetesforschung. (0895) Von Dr. med. H. J. Krönke, 120 S., 4 Farbtafeln, 14 s/w-Fotos, 13 s/w-Zeichnungen, kart. ●

Krampfadern
Ursachen, Vorbeugung, Selbstbehandlung, Therapieverfahren. (0727) Von Dr. med. K. Steffens, 96 S., 38 Abb., kart. ●

Gallenleiden
Krankheitsbilder, Behandlung, Therapieverfahren, Selbstbehandlung, Richtige Lebensführung und Ernährung. (0673) Von Dr. med. K. Steffens, 104 S., 34 Zeichnungen, kart. ●

Asthma
Pseudokrupp, Bronchitis und Lungenemphysem. (0778) Von Prof. Dr. med. W. Schmidt, 120 S., 56 Zeichnungen, kart. ●

Autogenes Training
Anwendung · Heilwirkungen · Methoden. (0541) Von R. Faller, 128 S., 3 Zeichnungen, kart. ●

Die fernöstliche Fingerdrucktherapie Shiatsu
Anleitungen zur Selbsthilfe – Heilwirkungen. (0615) Von G. Leibold, 196 S., 180 Abb., kart. ●●

Eigenbehandlung durch Akupressur
Heilwirkungen – Energielehre – Meridiane. (0417) Von G. Leibold, 152 S., 78 Abb., kart. ●

Chinesische Naturheilverfahren
Selbstbehandlung mit bewährten Methoden der physikalischen Therapie. Atemtherapie · Heilgymnastik · Selbstmassage · Vorbeugen · Behandeln · Entspannen. (4247) Von F. T. Lie, 160 S., 292 zweifarbige Zeichnungen, Pappband. ●●●

Massagetechniken und Heilanzeigen
Reflexzonentherapie
(4404) Von G. Leibold, 128 S., 53 Farbzeichnungen, Pappband. ●●●

Chinesisches Schattenboxen
Tai-Ji-Quan
für geistige und körperliche Harmonie. (0850) Von F. T. Lie, 120 S., 221 s/w-Fotos, 9 s/w-Zeichnungen, Beilage: 1 s/w-Poster mit zahlreichen Abbildungen, kart. ●●

Gesundheit durch altbewährte Kräuterrezepte und Hausmittel aus der
Natur-Apotheke
(4156) Von G. Leibold, 236 S., 8 Farbtafeln, 100 Zeichnungen, kart., ●●

Heiltees und Kräuter für die Gesundheit
(4123) Von G. Leibold, 136 S., 15 Farbtafeln, 16 Zeichnungen, kart. ●●

Falken-Handbuch **Heilkräuter**
Modernes Lexikon der Pflanzen und Anwendungen (4076) Von G. Leibold, 392 S., 183 Farbfotos, 22 Zeichnungen, geb. ●●●●

Kochen für Diabetiker
Gesund und schmackhaft für die ganze Familie. (4132) Von M. Toeller, W. Schumacher, A. C. Groote, 224 S., 109 Farbfotos, 94 Zeichnungen, Pappband. ●●●

Neue Rezepte für Diabetiker-Diät
Vollwertig – abwechslungsreich - kalorienarm. (0418) Von M. Oehlrich, 120 S., 8 Farbtafeln, kart. ●

Diät bei Krankheiten des Magens und Zwölffingerdarms
Rezeptteil von B. Zöllner. (3201) Von Prof. Dr. med. H. Kaess, 96 S., 35 Farbfotos, 1 s/w-Zeichnung, kart. ●●

Diät bei Herzkrankheiten und Bluthochdruck
Salzarme (natriumarme) Kost, Rezeptteil von B. Zöllner. (3202) Von Prof. Dr. med. H. Rottka, 92 S., 4 Farbtafeln, kart. ●●

Diät bei Erkrankungen der Nieren, Harnwege und bei Dialysebehandlung
Rezeptteil von B. Zöllner. (3203) Von Prof. Dr. med. Dr. h. c. H. J. Sarre und Prof. Dr. med. R. Kluthe, 96 S., 33 Farbfotos, 1 s/w-Zeichnung, kart. ●●

Richtige Ernährung wenn man älter wird
Rezeptteil von B. Zöllner. (3204) Von Prof. Dr. med. H.-J. Pusch. 96 S., 36 Farbfotos und 3 s/w-Zeichnungen, kart. ●●

Diät bei Gicht und Harnsäuresteinen
Rezeptteil von B. Zöllner. (3205) Von Prof. Dr. med. N. Zöllner, 80 S., 4 Farbtafeln, kart. ●●

Diät bei Zuckerkrankheit
Rezeptteil von B. Zöllner. (3206) Von Prof. Dr. med. P. Dieterle, 112 S., 42 Farbfotos, 4 vierfarbige Vignetten, 1 s/w-Zeichnung, kart. ●●

Diät bei Krankheiten der Gallenblase, Leber und Bauchspeicheldrüse
Rezeptteil von B. Zöllner. (3207) Von Prof. Dr. med. H. Kasper, 88 S., 4 Farbtafeln, kart. ●●

Diät bei Störungen des Fettstoffwechsels und zur Vorbeugung der Arteriosklerose
Rezeptteil von B. Zöllner. (3208) Von Prof. Dr. med. G. Wolfram und Dr. med. O. Adam, 104 S., 4 Farbtafeln, kart. ●●

Diät bei Übergewicht
Rezeptteil von B. Zöllner. (3209) Von Prof. Dr. med. Ch. Keller, 104 S., 42 Farbfotos, 3 s/w-Zeichnungen, kart. ●●

Die hier vorgestellten Bücher, Videokassetten und Software sind in folgende Preisgruppen unterteilt:

● Preisgruppe bis DM 10,–/S 79,–
●● Preisgruppe über DM 10,– bis DM 20,– S 80,– bis S 160,–
●●● Preisgruppe über DM 20,– bis DM 30,– S 161,– bis S 240,–
●●●● Preisgruppe über DM 30,– bis DM 50,– S 241,– bis S 400,–
●●●●● Preisgruppe über DM 50,–/S 401,–
*(unverbindliche Preisempfehlung)

Die Preise entsprechen dem Status beim Druck dieses Verzeichnisses (s. Seite 1) – Änderungen, im besonderen der Preise, vorbehalten –

Diät bei Darmkrankheiten
Durchfall – Divertikulose, Reizdarm und Darmträgheit – einheimische Sprue (Zöliakie) – Disaccharidasemangel – Dünndarmresektion – Dumping Syndrom. Rezeptteil von B. Zöllner. (3211) Von Prof. Dr. med. G. Strohmeyer, 88 S., 4 Farbtafeln, kart. ●●

Ballaststoffreiche Kost bei Funktionsstörungen des Darms
Rezeptteil von B. Zöllner. (3212) Von Prof. Dr. med. H. Kasper, 96 S., 34 Farbfotos, 1 s/w-Foto, kart. ●●

Rat und Wissen

Der gute Ton
Ein moderner Knigge. (0063) Von I. Wolter, 168 S., 38 Zeichnungen, 53 s/w-Fotos, kart. ●

Haushaltstips von A bis Z
(0759) Von A. Eder, 80 S., 30 Zeichnungen, kart. ●

Familienforschung · Ahnentafel · Wappenkunde
Wege zur eigenen Familienchronik. (0744) Von P. Bahn, 128 S., 8 Farbtafeln, 30 Abbildungen, kart. ●●

Die Kunst der freien Rede
Ein Intensivkurs mit vielen Übungen, Beispielen und Lösungen. (4189) Von G. Hirsch, 232 S., 11 Zeichnungen, Pappband. ●●●

Reden zur Taufe, Kommunion und Konfirmation
(0751) Von G. Georg, 96 S., kart. ●

Der richtige Brief zu jedem Anlaß
Das moderne Handbuch mit 400 Musterbriefen. (4179) Von H. Kirst, 376 S., Pappband. ●●●

Wir heiraten
Ratgeber zur Vorbereitung und Festgestaltung der Verlobung und Hochzeit. (4188) Von C. Poensgen, 216 S., 8 s/w-Fotos, 30 s/w-Zeichnungen, 8 Farbtafeln, Pappband. ●●●

Wir feiern Hochzeit
Festgestaltung – phantasievoll und modern. (0943) Von H. J. Winkler, 120 S., kart. ●

Von der Verlobung zur Goldenen Hochzeit
(0393) Von E. Ruge, 120 S., kart. ●

Reden zur Hochzeit
Musteransprachen für Hochzeitstage. (0654) Von G. Georg, 112 S., kart. ●

Glückwünsche, Toasts und Festreden zur Hochzeit.
(0264) Von I. Wolter, 128 S., 18 Zeichnungen, kart. ●

Hochzeits- und Bierzeitungen
Muster, Tips und Anregungen. (0288) Von H.-J. Winkler, mit vielen Text- und Gestaltungsanregungen, 116 S., 15 Abb., 1 Musterzeitung, kart. ●

Kindergedichte zur Grünen, Silbernen und Goldenen Hochzeit
(0318) Von H.-J. Winkler, 104 S., 20 Abb., kart. ●

Kindergedichte für Familienfeste
(0860) Von B. H. Bull, 96 S., 20 Zeichnungen, kart. ●

Die Silberhochzeit
Vorbereitung · Einladung · Geschenkvorschläge · Dekoration · Festablauf · Menüs · Reden · Glückwünsche. (0542) Von K. F. Merkle, 120 S., 41 Zeichnungen, kart. ●

Großes Buch der Glückwünsche
(0255) Hrsg. von O. Fuhrmann, 176 S., 77 Zeichnungen und viele Gestaltungsvorschläge, kart. ●

Herzliche Glückwünsche!
Die schönsten Gedichte und Texte für viele Gelegenheiten. (0942) Hrsg. von B. H. Bull, 256 S., 50 Zeichnungen, Pappband. ●●

Neue Glückwunschfibel
für Groß und Klein. (0156) Von R. Christian-Hildebrandt, 96 S., kart. ●

Glückwunschverse für Kinder
(0277) Von B. Ulrici, 80 S., kart. ●

Die Redekunst
Rhetorik · Rednererfolg (0076) Von K. Wolter, überarbeitet von Dr. W. Tappe, 80 S., kart. ●

Reden und Ansprachen
für jeden Anlaß. (4009) Hrsg. von F. Sicker, 454 S., gebunden. ●●●●

Reden zum Jubiläum
Musteransprachen für viele Gelegenheiten (0595) Von G. Georg, 112 S., kart. ●

Reden zum Ruhestand
Musteransprachen zum Abschluß des Berufslebens (0790) Von G. Georg, 104 S., kart. ●

Reden und Sprüche zu Grundsteinlegung, Richtfest und Einzug
(0598) Von A. Bruder, G. Georg, 96 S., kart. ●

Reden zu Familienfesten
Musteransprachen für viele Gelegenheiten. (0675) Von G. Georg, 112 S., kart. ●

Reden zum Geburtstag
Musteransprachen für familiäre und offizielle Anlässe. (0773) Von G. Georg, 104 S., kart. ●

Festreden und Vereinsreden
Ansprachen für festliche Gelegenheiten. (0069) Von K. Lehnhoff, E. Ruge, 88 S., kart. ●

Reden im Verein
Musteransprachen für viele Gelegenheiten. (0703) Von G. Georg, 112 S., kart. ●

Programm und Publikum
Der ständige Versuch einer Annäherung. Beiträge und Reden über das öffentlich-rechtliche Fernsehen. (0874) Von A. Schardt, 167 S., kart. ●●

Trinksprüche
Fest- und Damenreden in Reimen. (0791) Von L. Metzner, 88 S., 14 s/w-Zeichnungen, kart. ●

Trinksprüche, Richtsprüche, Gästebuchverse
(0224) Von D. Kellermann, 80 S., kart. ●

Ins Gästebuch geschrieben
(0576) Von K. H. Trabeck, 96 S., 24 Zeichnungen, kart. ●

Poesiealbumverse
Heiteres und Besinnliches. (0578) Von A. Göttling, 112 S., 20 Zeichnungen, Pappband. ●●

Verse fürs Poesiealbum
(0241) Von I. Wolter, 96 S., 20 Abb., kart. ●

Rosen, Tulpen, Nelken…
Beliebte Verse fürs Poesiealbum
(0431) Von W. Pröve, 96 S., 11 Faksimile-Abb., kart. ●

Der Verseschmied
Kleiner Leitfaden für Hobbydichter. Mit Reimlexikon. (0597) Von T. Parisius, 96 S., 28 Zeichnungen, kart. ●

Moderne Korrespondenz
Handbuch für erfolgreiche Briefe. (4014) Von H. Kirst und W. Manekeller, 544 S., Pappband. ●●●●

Der neue Briefsteller
Musterbriefe für alle Gelegenheiten. (0060) Von I. Wolter-Rosendorf, 112 S., kart. ●

Geschäftliche Briefe
des Privatmanns, Handwerkers, Kaufmanns. (0041) Von A. Römer, 120 S., kart. ●

Behördenkorrespondenz
Musterbriefe – Anträge – Einsprüche. (0412) Von E. Ruge, 120 S., kart. ●

Musterbriefe
für alle Gelegenheiten. (0231) Hrsg. von O. Fuhrmann, 240 S., kart. ●

Privatbriefe
Muster für alle Gelegenheiten. (0114) Von I. Wolter-Rosendorf, 132 S., kart. ●

Briefe zu Geburt und Taufe
Glückwünsche und Danksagungen. (0802) Von H. Beitz, 96 S., 12 Zeichnungen, kart. ●

Briefe zum Geburtstag
Glückwünsche und Danksagungen (0822) Von H. Beitz, 104 S., 22 Zeichnungen, kart. ●

Briefe zur Hochzeit
Glückwünsche und Danksagungen (0852) Von R. Röngen, 96 S., 1 Zeichnung, 39 Vignetten, kart. ●

Briefe der Liebe
Anregungen für gefühlvolle und zärtliche Worte. (0903) Hrsg. von H. Beitz, 96 S., 4 Zeichnungen, kart. ●

Erfolgstips für den Schriftverkehr
Briefwechsel leicht gemacht durch einfachen Stil und klaren Ausdruck (0678) Von U. Schoenwald, 120 S., kart. ●

Worte und Briefe der Anteilnahme
(0464) Von E. Ruge, 128 S., mit vielen Abb., kart. ●

Reden in Trauerfällen
Musteransprachen für Beerdigungen und Trauerfeiern (0736) Von G. Georg, 104 S., kart. ●

In Anerkennung Ihrer…
Lob und Würdigung in Briefen und Reden
(0535) Von H. Friedrich, 136 S., kart. ●

Das große farbige Kinderlexikon
(4195) Von U. Kopp, 320 S., 493 Farbabb., 17 s/w-Fotos, Pappband. ●●●

ZDF · ORF · DRS
Kompaß Jugend-Lexikon
(4096) Von R. Kerler, J. Blum, 336 S., 766 Farbfotos, 39 s/w-Abb., Pappband. ●●●●

Elternsache Grundschule
(0692) Hrsg. von K. Meynersen, 324 S., kart. ●●●

Vom Urkrümel zum Atompilz
Evolution – Ursache und Ausweg aus der Krise. (4181) Von J. Voigt, 188 S., 20 Farb- und 70 s/w-Fotos, 32 Zeichnungen, kart. ●●

Neues Denken – alte Geister
New Age unter der Lupe. (4278) Von G. Myrell, Dr. W. Schmandt, J. Voigt, 176 S., 54 Farbfotos, 3 Zeichnungen, kart. ●●

Die hier vorgestellten Bücher, Videokassetten und Software sind in folgende Preisgruppen unterteilt:

● Preisgruppe bis DM 10,–/S 79,–
●● Preisgruppe über DM 10,– bis DM 20,– S 80,– bis S 160,–
●●● Preisgruppe über DM 20,– bis DM 30,– S 161,– bis S 240,–
●●●● Preisgruppe über DM 30,– bis DM 50,– S 241,– bis S 400,–
●●●●● Preisgruppe über DM 50,–/S 401,–
*(unverbindliche Preisempfehlung)

Die Preise entsprechen dem Status beim Druck dieses Verzeichnisses (s. Seite 1) – Änderungen, im besonderen der Preise, vorbehalten –

FALKEN

Schülerlexikon der Mathematik
Formeln, Übungen und Begriffserklärungen für die Klassen 5–10. (0430) Von R. Müller, 176 S., 96 Zeichnungen, kart. ●

Mathematik verständlich
Zahlenbereiche Mengenlehre, Algebra, Geometrie, Wahrscheinlichkeitsrechnung, Kaufmännisches Rechnen. (4135) Von R. Müller, 652 S., 10 s/w- und 109 Farbfotos, 802 farbige und 79 s/w-Zeichnungen, über 2500 Beispiele und Übungen mit Lösungen, Pappband. ●●●●●

Mathematische Formeln für Schule und Beruf
Mit Beispielen und Erklärungen. (0499) Von R. Müller, 156 S., 210 Zeichnungen, kart. ●

Rechnen aufgefrischt
für Schule und Beruf. (0100) Von H. Rausch, 144 S., kart. ●

Physik verständlich
Förderkurs für die Klassen 7 bis 10 (0926) Von Dr. Th. Neubert, 136 S., 146 s/w-Zeichnungen, 166 Aufgaben, kart. ●●

Mehr Erfolg in Schule und Beruf
Besseres Deutsch
Mit Übungen und Beispielen für Rechtschreibung, Diktate, Zeichensetzung, Aufsätze, Grammatik, Literaturbetrachtung, Stil, Briefe, Fremdwörter, Reden. (4115) Von K. Schreiner, 444 S., 7 s/w-Fotos, 27 Zeichnungen, Pappband. ●●●

Richtiges Deutsch
Rechtschreibung · Zeichensetzung · Grammatik · Stilkunde. (0551) Von K. Schreiner, 128 S., 7 Zeichnungen, kart. ●

Diktate besser schreiben
Übungen zur Rechtschreibung für die Klassen 4–8. (0469) Von K. Schreiner, 152 S., 31 Zeichnungen, kart. ●

Aufsätze besser schreiben
Förderkurs für die Klassen 4–10. (0429) Von K. Schreiner, 144 S., 4 s/w-Fotos, 27 Zeichnungen, kart. ●

Deutsche Grammatik
Ein Lern- und Übungsbuch. (0704) Von K. Schreiner, 112 S., kart. ●

Mehr Erfolg in der Schule
Deutsche Rechtschreibung und Grammatik
Übungen und Beispiele für die Klassen 5–10. (4407) Von K. Schreiner, 256 S., durchgehend zweifarbig, Pappband. ●●●

Mehr Erfolg in der Schule
Der Deutschaufsatz
Übungen und Beispiele für die Klassen 5–10. (4271) Von K. Schreiner, 240 S., 4 s/w-Fotos, 51 Zeichnungen, Pappband. ●●●

Richtige Zeichensetzung
durch neue, vereinfachte Regeln. Erläuterungen der Zweifelsfragen anhand vieler Beispiele. (0774) Von Prof. Dr. Ch. Stetter, 160 S., kart. ●

Richtige Groß- und Kleinschreibung
durch neue, vereinfachte Regeln. Erläuterungen der Zweifelsfragen anhand vieler Beispiele. (0897) Von Prof. Dr. Ch. Stetter, 96 S., kart. ●

Besseres Englisch
Grammatik und Übungen für die Klassen 5 bis 10. (0745) Von E. Henrichs, 144 S., ●●

The Grammar Master
Englische Grammatik üben und beherrschen. (7002) Diskette für den C 64/C 128 (im 64er Modus) ●●●●*

Vokabeltrainer Englisch
Von B. Hoppius. (7001) Wendediskette für C 64/C 128 PC, mit Begleitheft. ●●●●* (7007) Wendediskette für Atari ST 520/1040, mit Begleitheft. ●●●●●*

Take a Trip to Britain
(7004) Von reLine, Diskette für C 64/C 128 PC, mit Begleitheft. ●●●●*

Schnell und sicher zum Führerschein
Tips und Tricks aus 30jähriger-Fahrschul-Praxis. (0921) Von O. Einert, 152 S., 156 Farbfotos, 161 z. T. farb. Zeichnungen, kart. ●●

Maschinenschreiben für Kinder
(0274) Von H. Kaus, 48 S., farbige Abb., kart. ●

So lernt man leicht und schnell
Maschinenschreiben
Lehrbuch für Schulen, Lehrgänge und Selbstunterricht. (0568) Von M. Kempkes, 112 S., 31 s/w- Fotos, 36 Zeichnungen, kart. ●●

Maschinenschreiben durch Selbstunterricht
(0170) Von A. Fonfara, 84 S., kart. ●

Maschinenschreiben
In 10 Tagen spielend gelernt. Von Unterrichtsmedien Hoppius. (7008) Diskette für den C 64 und C 128 PC ●●●●* (7009) für IBM PC + kompatible, ●●●●●* (7010) für Schneider CPC 464, 664, 6128, ●●●●●*

Stenografie leicht gelernt
im Kursus oder Selbstunterricht. (0266) Von H. Kaus, 64 S., kart. ●

Buchführung
leicht gefaßt. Ein Leitfaden für Handwerker und Gewerbetreibende. (0127) Von R. Pohl. 104 S., kart. ●

Buchführung leicht gemacht
Ein methodischer Grundkurs für den Selbstunterricht. (4238) Von D. Machenheimer, R. Kersten, 252 S., Pappband. ●●●

Erfolgreiche Kaufmannspraxis
Wirtschaftliche Grundlagen, Geld, Kreditwesen, Steuern, Betriebsführung, Recht, EDV. (4046) Von W. Göhler, H. Gölz, M. Heibel, Dr. D. Machenheimer, 544 S., gebunden. ●●●●

Familienrecht
Ehe – Scheidung – Unterhalt. (4190) Von T. Drewes, R. Hollender, 368 S., Pappband. ●●●

Scheidung und Unterhalt
nach dem neuen Eherecht. Mit dem Unterhaltsänderungsgesetz 1986. (0403) Von T. Drewes, 112 S., mit Kosten und Unterhaltstabellen, kart. ●

Erziehungsgeld, Mutterschutz, Erziehungsurlaub
Alles über das neue Recht für Eltern. Mit den Gesetzestexten. (0835) Von J. Grönert, 144 S., kart. ●●

Endlich 18 und nun?
Rechte und Pflichten mit der Volljährigkeit. (0646) Von R. Rathgeber, 224 S., 27 Zeichnungen, kart. ●●

Was heißt hier minderjährig?
(0765) Von R. Rathgeber, C. Rummel, 148 S., 50 Fotos, 25 Zeichnungen, kart. ●●

Erbrecht und Testament
Mit Erläuterungen des Erbschaftssteuergesetzes von 1974. (0046) Von Dr. jur. H. Wandrey, 124 S., kart. ●

Testament und Erbschaft
Erbfolge, Rechte und Pflichten der Erben, Erbschafts- und Schenkungssteuer, Mustertestamente. (4139) Von T. Drewes, R. Hollender, 304 S., Pappband. ●●●

Mein letzter Wille
Ratgeber für Erblasser, Erben und Hinterbliebene. (0939) Von T. Drewes, 136 S., 9 s/w-Zeichnungen, kart. ●●

Präzise Ratschläge für
Ihre optimale Rente
Vorbereitung · Berechnungsgrundlagen · Gesetzesänderungen · Individuelle Rechenbeispiele. (0806) Von K. Möcks, 96 S., 24 Formulare, 1 Graphik, kart. ●

Mietrecht
Leitfaden für Mieter und Vermieter. (0479) Von J. Beuthner, 196 S., kart. ●●

Wege zum Börsenerfolg
Aktien · Anleihen · Optionen (4275) Von H. Krause, 252 S., 4 s/w-Fotos, 86 Zeichnungen, Pappband. ●●●

So werde ich erfolgreich
Ratschläge und Tips für Beruf und Privatleben. (0918) Von H. Hans, 104 S., kart. ●●

99 Alternativen für Umsteiger
Mehr Freude am Leben mit dem richtigen Beruf. (4251) Von D. Maxeiner, P. Birkenmeier, 192 S., 143 Fotos, 46 Zeichnungen, kart. ●●●

Lebenslauf und Bewerbung
Beispiele für Inhalt, Form und Aufbau. (0428) Von H. Friedrich, 112 S. kart. ●

Erfolgreiche Bewerbungsbriefe und Bewerbungsformen
(0138) Von W. Manekeller, 88 S., kart. ●

Die erfolgreiche Bewerbung
Bewerbung und Vorstellung. (0173) Von W. Manekeller, 156 S., kart. ●

Die Bewerbung
Der moderne Ratgeber für Bewerbungsbriefe, Lebenslauf und Vorstellungsgespräche. (4138) Von W. Manekeller, 264 S., Pappband. ●●

Erfolgreiche Bewerbung um einen Ausbildungsplatz
(0715) Von H. Friedrich, 136 S., kart. ●

Die ersten Tage am neuen Arbeitsplatz
Ratschläge für den richtigen Umgang mit Kollegen und Vorgesetzten (0855) Von H. Friedrich, 104 S., kart. ●

Zeugnisse im Beruf
richtig schreiben, richtig verstehen. (0544) Von H. Friedrich, 112 S., kart. ●

Vorstellungsgespräche
sicher und erfolgreich führen. (0636) Von H. Friedrich, 144 S., kart. ●

Keine Angst vor Einstellungstests
Ein Ratgeber für Bewerber. (0793) Von Ch. Titze. 120 S., 67 Zeichnungen, kart. ●

Esoterik

Bauernregeln, Bauernweisheiten, Bauernsprüche
(4243) Von G. Haddenbach, 192 S., 62 Farbabb. 9 s/w-Fotos, 144 s/w-Zeichnungen, Pappband. ●●●

Gesund durch Gedankenenergie
Heilung im gemeinsamen Kraftfeld (6035) VHS, 45 Min., in Farbe ●●●●●*

Die hier vorgestellten Bücher, Videokassetten und Software sind in folgende Preisgruppen unterteilt:

● Preisgruppe bis DM 10,–/S 79,–
●● Preisgruppe über DM 10,– bis DM 20,– S 80,– bis S 160,–
●●● Preisgruppe über DM 20,– bis DM 30,– S 161,– bis S 240,–
●●●● Preisgruppe über DM 30,– bis DM 50,– S 241,– bis S 400,–
●●●●● Preisgruppe über DM 50,–/S 401,–
*(unverbindliche Preisempfehlung)

Die Preise entsprechen dem Status beim Druck dieses Verzeichnisses (s. Seite 1) – Änderungen, im besonderen der Preise, vorbehalten –

Die Magie der Zahlen
So nutzen Sie die Geheimnisse der Numerologie für Ihr persönliches Glück mit dem völlig neuen Planetennumeroskop
(4242) Von B. A. Mertz, 224 S., 36 Abbildungen, Pappband. ●●●

I Ging der Liebe
Das altchinesische Orakel für Partnerschaft und Ehe. (4244) Von G. Damian-Knight, 320 S., 64 s/w-Zeichnungen, Pappband. ●●●

Die neue Lebenshilfe **Biorhythmik**
Höhen und Tiefen der persönlichen Lebenskurven vorausberecnen und danach handeln. (0458) Von W. A. Appel, 157 S., 63 Zeichnungen, Pappband. ●●

Die neue Erkenntnisse zum Biorhythmus
Individuelle Rhythmogramme für Berufserfolg und Gesundheit, Partnerschaft und Freizeit, Beilage: Tagesformplaner.
(4276) Von H. Bott, 144 S., 35 s/w-Zeichnungen, Pappband. ●●●

Falken-Handbuch **Kartenlegen**
Wahrsagen mit Tarot-, Skat-, Lenormand- und Zigeunerblättern.
(4226) Von B. A. Mertz, 288 S., 38 Farb- und 108 s/w-Abb. Pappband. ●●●●

Wahrsagen mit Tarot-Karten
(0482) Von E. J. Nigg, 112 S., 4 Farbtafeln, 52 s/w-Abb., Pappband. ●●

Selbst Wahrsagen mit Karten
Die Zukunft in Liebe, Beruf und Finanzen.
(0404) Von R. Koch, 112 S., 252 Abb., Pappband. ●●

Weissagen, Hellsehen, Kartenlegen ...
Wie jeder die geheimen Kräfte ergründen und für sich nutzen kann. (4153) Von G. Haddenbach, 192 S., 40 Zeichnungen, Pappband. ●●

Erkennen Sie Psyche und Charakter durch **Handdeutung**
(4176) Von B. A. Mertz, 252 S., 9 s/w-Fotos, 160 Zeichnungen, Pappband. ●●●●

Falken-Handbuch **Astrologie**
Charakterkunde · Schicksal · Liebe und Beruf · Berechnung und Deutung von Horoskopen · Aszendenttabelle. (4068) Von B. A. Mertz, 342 S., mit 60 erläuternden Grafiken, Pappband. ●●●

Die Familie im Horoskop
Glück und Harmonie gemeinsam erleben – Probleme und Gegensätze verstehen und tolerieren. (4161) Von B. A. Mertz, 296 S., 40 Zeichnungen, kart. ●●●

Aztekenhoroskop
Deutung von Liebe und Schicksal nach dem Aztekenkalender. (0543) Von C.-M. und R. Kerler, 160 S., 20 Zeichnungen, Pappband. ●

Was sagt uns das Horoskop?
Praktische Einführung in die Astrologie.
(0655) Von B. A. Mertz, 176 S., 25 Zeichnungen, kart. ●

Das Super-Horoskop
Der neue Weg zur Deutung von Charaker, Liebe und Schicksal nach chinesischer und abendländischer Astrologie. (0465) Von G. Haddenbach, 175 S., kart. ●

Liebeshoroskop für die 12 Sternzeichen
Alles über Chancen, Beziehungen, Erotik, Zärtlichkeit, Leidenschaft. (0587) Von G. Haddenbach, 144 S., 11 Zeichnungen, kart. ●

Die 12 Sternzeichen
Charakter, Liebe und Schicksal. (0385) Von G. Haddenbach, 160 S., Pappband. ●●

Die 12 Tierzeichen im chinesischen Horoskop
(0423) Von G. Haddenbach, 128 S., Pappband. ●

Sternstunden
für Liebe, Glück und Geld, Berufserfolg und Gesundheit. Das ganz persönliche Mitbringsel für Widder (0621), Stier (0622), Zwillinge (0623), Krebs (0624), Löwe (0625), Jungfrau (0626), Waage (0627), Skorpion (0628), Schütze (0629), Steinbock (0630), Wassermann (0631), Fische (0632) Von L. Cancer, 62 S., durchgehend farbig, Zeichnungen, Pappband. ●

Computer-Bücher und Software

Computer Grundwissen
Eine Einführung in Funktion und Einsatzmöglichkeiten. (4302) Von W. Bauer, 176 Seiten, 193 Farb- und 12 s/w-Fotos, 37 Computergrafiken, kart., ●●●
(4301) Pappband, ●●●●

Einführung in die Programmiersprache BASIC. (4303) Von S. Curran und R. Curnow, 192 S., 92 Zeichnungen, kart. ●●

Intelligenz in BASIC
für Schneider CPC 464/664/6128. Mit Diskette 3". (4320) Von K.-H. Koch, 160 S., 14 Zeichnungen, kart. ●●●●●

Lernen mit dem Computer. (4304)
Von S. Curran und R. Curnow, 144 S., 34 Zeichnungen, Spiralbindung, ●●

Garantiert BASIC lernen mit dem C 128
Mit kompletter Kurs-Diskette
(4321) Von A. Görgens, 288 S., 4 s/w-Fotos, 83 Zeichnungen, kart. ●●●●

Grundwissen Informationsverarbeitung
(4314) Von H. Schiro, 312 S., 59 s/w-Fotos, 133 s/w-Zeichnungen, Pappband. ●●●●●

Heimcomputer-Bastelkiste
Messen, Steuern, Regeln mit C 64-, Apple II-, MSX-, TANDY-, MC-, Atari- und Sinclair-Computern. (4309) Von G. A. Karl, 256 S., 160 Zeichnungen, kart. ●●●●

WORDSTAR 2000
Textverarbeitung für Einsteiger und Profis
Mit erprobten Anwendungen aus der Praxis.
(4317) Von D. Nasser, 200 S., 9 s/w-Fotos, 3 Zeichnungen, kart. ●●●●●

Drucker und Plotter
Text und Grafik für Ihren Computer.
(4315) Von K.-H. Koch, 192 S., 12 Farbtafeln, 5 s/w-Fotos, kart. ●●●●

Computergrafik
Von den Grundlagen bis zum perfekten 3 D-Programm. (4319) Von A. Brück, 296 S., 20 Farbtafeln, 180 s/w-Grafiken, 50 s/w- Zeichnungen, 83 Listings, Pappband. ●●●●●

Textverarbeitung mit Home- und Personal-Computern
Systeme – Vergleiche – Anwendungen.
(4316) Von A. Görgens, 128 S., 49 s/w-Fotos, kart. ●●●●

Die tägliche PC-Praxis
Anwendungshilfen, Programme und Erweiterungen für MS-DOS-Computer
(4322) Von A. Görgens, 224 S., 25 Abbildungen, kart. ●●●●

dBase III
Einführung für Einsteiger und Nachschlagewerk für Profis. (4310) Von J. Brehm, G. A. Karl, 211 S., 23 Abb., kart. ●●●●●

FALKEN PC PRAXIS
Desktop Publishing
Setzen und Drucken auf dem Schreibtisch.
(4323) Von A. Görgens, 120 S., 11 s/w-Fotos, 72 Zeichnungen, kart. ●●●

FALKEN PC PRAXIS
WordStar Praxis professionell
Für die Versionen 3.4/3.45/4.0
Erweiterungen · Praxis-Tips · Datenaustausch · Desktop Publishing. (4324) Von A. Görgens, 172 S., 2 s/w-Fotos, 2 s/w-Zeichnungen, 116 s/w-Grafiken, kart. ●●●●

Die Super-Preisleistung

Die 100 bekanntesten und beliebtesten Volkslieder, mit wunderschönen Farbzeichnungen von Brian Bagnall, durchgehend farbig im Großformat als gebundener Pappband.

Kein schöner Land... Das große Buch unserer beliebtesten Volkslieder. (0001) Hrsg. von Norbert Linke, 208 Seiten, 118 Farbzeichnungen, Pappband.

Erschienen in der F. Bassermann'schen Verlagsbuchhandlung Nachf.

Die hier vorgestellten Bücher, Videokassetten und Software sind in folgende Preisgruppen unterteilt:

● Preisgruppe bis DM 10,–/S 79,–
●● Preisgruppe über DM 10,– bis DM 20,–/S 80,– bis S 160,–
●●● Preisgruppe über DM 20,– bis DM 30,–/S 161,– bis S 240,–
●●●● Preisgruppe über DM 30,– bis DM 50,–/S 241,– bis S 400,–
●●●●● Preisgruppe über DM 50,–/S 401,–
*(unverbindliche Preisempfehlung)

Die Preise entsprechen dem Status beim Druck dieses Verzeichnisses (s. Seite 1) – Änderungen, im besonderen der Preise, vorbehalten –

FALKEN

 Für die Schweiz: sFr.-Preise gemäß Preisauszeichnung in der Buchhandlung